하느님께 가까이 가는 행복한 사람들!

전례단 안내서

복사편

Vicino a Gesù... per Servirlo!: Guida per i ministranti by Marco Chiesa
© All rights reserved by Editrice VELAR, 2011.

전례단 안내서 복사편

2015년 7월 8일 교회 인가
2016년 5월 29일 초판 1쇄 펴냄
2025년 1월 31일 초판 7쇄 펴냄

글쓴이 · 마르코 키에사 | **그린이** · 마르코 토리첼리 | **옮긴이** · 김정훈 | **감수** · 윤종식
펴낸이 · 정순택 | **펴낸곳** · 가톨릭출판사 | **편집 겸 인쇄인** · 김대영
편집 · 김지영, 강서윤, 김소정, 박다솜 | **디자인** · 강해인, 이경숙, 정호진
마케팅 · 임찬양, 안효진, 황희진, 노가영

본사 · 서울특별시 중구 중림로 27
등록 · 1958. 1. 16. 제2-314호
전자우편 · edit@catholicbook.kr
전화 · 1544-1886(대표 번호)
지로번호 · 3000997

ISBN 978-89-321-1441-5 03230

값 13,000원

성경 · 교회 문헌 ⓒ 한국천주교중앙협의회

이 책의 한국어 출판권은 (재)천주교서울대교구 가톨릭출판사에 있습니다.
저작권법에 의해 한국 내에서 보호를 받는 저작물이므로 무단 전재와 무단 복제를 금합니다.

가톨릭의 모든 도서와 성물, 디지털 콘텐츠를 '가톨릭북플러스'에서 만나 보실 수 있습니다.
https://www.catholicbookplus.kr/ | (02)6365-1888(구입 문의)

하느님께 가까이 가는 행복한 사람들!

전례단 안내서
복사편

마르코 키에사 글 | 마르코 토리첼리 그림 | 김정훈 옮김 | 윤종식 감수

가톨릭출판사

추천사
전례에 실제로 도움이 되는 안내서

이 책은 전례단에 꼭 필요한 안내서입니다. 물론 미사에서 봉사하는 전례단에 도움을 주려는 다른 안내서들이 이미 출간되었지만, 이 책은 여러 가지 면에서 기존의 안내서들을 능가하는 장점이 있습니다. 이 책이 다른 책보다 어떤 점에서 뛰어난지 한번 이야기해 보겠습니다.

먼저 이 책은 전례단으로서 반드시 알아야 할 중요한 사항들을 빠짐없이 수록해 놓았습니다. 어린이부터 성인까지 전례단으로 봉사하는 이들은 이 '안내서'로 전례가 무엇인지 알 수 있을 뿐만 아니라 다양한 전례에서 어떻게 봉사해야 하는지도 구체적으로 알 수 있습니다. 그래서 전례단원이 이 책을 읽으면, 전례의 동작, 전례에서 쓰이는 성물, 다양한 제의와 전례복에 어떤 의미가 있는지 정확하게 배울 수 있습니다. 정성스럽고 기쁘게 전례 봉사를 하려면 전례 요소가 지니는 의미를 빠짐없이 제대로 알아야 하기에 이 책은 중요합니다.

  이 책의 두 번째 장점은 교회의 전례 지침과 규정에 근거를 둔 내용입니다. 이렇게 전례 규정을 따랐기에 이 책은 전통에 충실하도록 이끌어 줍니다. 물론 교회 생활의 핵심은 교회의 전례 규정을 충실히 따르는 것 자체에 있지 않습니다. 그러나 전례 규정을 충실히 따를 때 전례에서 이루어지는 구원의 신비를 쉽게 이해할 수 있습니다. 또한 모든 전례는 그것을 거행하는 주례자 개인이나 개별 공동체의 활동이 아니라 보편 교회의 활동임을 기억하게 하는 수단입니다. 따라서 전례 규정을 충실히 따르는 것은 중요합니다.

  이 책의 세 번째 장점은 여러 가지 전례 형태와 양식이 지닌 의미를 명확하고 쉽게 설명한다는 점입니다. 엄숙하고 딱딱하게 느껴지는 전례 형태와 양식을 모든 사람에게 간단하게 설명해야 할 때, 전례의 깊고 풍성한 의미를 제대로 전달하는 것은 매우 어렵습니다. 그런데 이 책은 다양한 전례 형태와 양식에 담긴 깊고 풍성한 의미를 간단하고 쉽게 설명하고 있습니다. 그리고 설명과 연결된 그림들이 함께 있어서 더 쉽게 이해할 수 있습니다.

  《전례단 안내서》라는 제목이 말해 주듯이, 이 책은 전례단원이 전례에서 봉사하는 데 실질적으로 도움을 주려는 안내서입니다. 하지만 이 책은 전례단원뿐만 아니라 특히 전례단 교육을 맡고 있는 분이나 그들을 이끄는 분, 그리고 제대회 회원들을 비롯한 다른 봉사자들에게도 매우 유용합니다. 그리고 신자 누구나 읽어도 좋은 자료가 되는 책입니다.

끝으로 이처럼 훌륭한 안내서가 마련되기까지 애정과 인내로 수고를 아끼지 않으신 모든 분들에게 진심으로 감사의 인사를 드립니다.

교황전례원장
귀도 마리니 몬시뇰

머리말

복사가 알아야 하는 모든 것

여러분은 주변 사람들이나 신부님 혹은 수녀님에게서 복사가 되지 않겠느냐는 말을 들어 본 적이 있을 것입니다. 어떤 사람은 곧바로 "좋아요!"라고 응답하고 봉사를 시작합니다. 하지만 많은 사람들이 부끄러워하면서 여러 가지 이유를 들어 거절합니다.

"저는 능력이 안 돼요!"

"하고 싶은 마음이 없어요!"

"사람들 앞에 나서는 것이 두려워요!"

"복사를 하기에는 나이가 많아요!"

하지만 이런 핑계를 대면서 거부하기보다 기쁘고 즐거운 마음으로 예수님을 위해 봉사하러 나서는 것이 어떨까요? 복사로서 봉사하는 것은 분명 해 볼 만한, 의미가 있는 훌륭한 일이기 때문입니다.

게다가 복사가 되면 미사를 비롯한 여러 전례의 의미를 잘 알게 됩니다. 전례의 의미를 잘 아는 것은 매우 중요합니다. 의미를 알지 못하면 전례가 지루하게만 느껴질 뿐만 아니라 전례에 참여하고 싶지 않은 마음까지 생깁니다. 하지만 전례의 의미를 알게 되면 전례의 각 요소가 매우 아름답고 중요하다는 것을 깨닫게 됩니다. 그래서 전례에 즐겁게 참여할 수 있습니다.

  이 책은 복사를 위한 종합 안내서입니다. 복사가 알아야 하는 모든 것을 알려 주는 책이지요. 따라서 복사에게 꼭 필요한 책입니다. 특히 복사가 되고자 하는 분, 복사에 대해 알고 싶은 분, 그리고 복사단을 지도하는 책임자와 복사를 양성하는 신부님, 수녀님, 교리 교사에게 반드시 필요합니다. 그러나 복사와 관련이 없는 일반 신자라도 큰 도움이 됩니다. 이 책은 전례 전반에 관한 설명을 수록하고 있기 때문에 봉사자에게도 유익한 안내서이며 전 신자를 위한 전례 교육 자료로도 사용하기에 좋습니다.

  이제부터 여러분이 직접 이 책을 읽어 보십시오. 여러분이 훌륭하게 봉사직을 수행하는 데 이 책이 큰 도움이 되기를 바랍니다.

가르멜 수도회
마르코 키에사 신부

옮긴이의 말

전례를 쉽게 가르쳐 주는 책

　우리는 성당에 다니며 무수히 많은 전례를 접하게 됩니다. 전례는 그리스도의 신비체이며 하느님의 백성인 교회가 시행하는 공적인 경배 예식이기 때문입니다. 미사뿐 아니라, 성사 및 준성사, 성무일도, 성스러운 행렬, 성체 강복식 등도 모두 전례입니다. 이러한 전례는 모두 신자 공동체를 위한 의식입니다. 그리고 공동체를 위한 기도이기도 하지요. 신자들은 이 공동체에 참여함으로써 비로소 하느님의 구원 사업에 동참할 수 있게 됩니다.
　이러한 까닭에 전례에 자주 참여하고, 전례의 올바른 의미를 아는 것은 참으로 중요합니다. 교회 안에서 거행되는 전례 행위들은 단순히 역사적 사건을 기억하는 것이 아니라 수난과 죽음, 부활이라는 그리스도의 구원이 우리 삶에, 그리고 우리 마음속에 그대로 실현되는 것이기 때문입니다.
　이러한 전례에 관해 잘 설명해 주는 책이 바로《전례단 안내서》라는 책입니다. 이 책은 특히 복사에게 꼭 필요한 지식을 모두 전해 주고 있습니다. '봉사 직무란 무엇일까?', '전례에 사용되는 물품의 명칭은 무엇일까?'처럼 복사들이 궁금해하는 질문에 대해 친절하게 답해 줄 뿐 아니라 미사 순서와 더불어 각 성사와 준성사들의 순서까지도 자세히 설명하고 있습니다. 세례성사, 혼인성사, 성삼일 전례뿐만 아니라 사제의 가정 방문과 축복까지 우리가 일상에서 만나는 모든 전례에 관해 충실하게 설명하고 있는 것입니다. 그래서 복사들은 이 책을 통해 전례 연습을 하며 미리 전례에 익숙해질 수 있으며, 자신의 봉사 직무에 좀 더 자신감을 가질 수 있습니다. 특히 봉사 직무에 대한 마음가짐이나 태도들에 대해서도 조목조목 짚어 주고, 중요성도 알려 주기 때문에 신앙적인 면에서, 그리고 공동체 생활이라는 면에서 도움을 받고, 자부심을 느끼게 됩니다.

　이러한 내용들은 자칫 어려워지기 쉽지만 이 책은 이해를 돕는 그림과 쉬운 설명을 통해 전례를 어렵지 않게 알려 주며, 한눈에 볼 수 있도록 전례 순서를 따로 정리해 줍니다. 또한 중요한 내용은 색인이 되어 있어서 언제든지 편하게 찾아볼 수 있습니다. 이러한 까닭에 이 책은 복사뿐만 아니라 전례에 관해 좀 더 잘 알고자 하는 가톨릭 신자 모두가 읽기에도 좋은 책이며, 아직 전례에 익숙하지 않은 예비 신자들에게도 꼭 필요한 책입니다. 이 책을 읽은 신자들은 전례에 관해 기본적인 지식을 얻을 수 있을 뿐만 아니라 전례 중에 사제가 하는 행동의 의미를 깨닫게 되어 전례에 더 깊이 참여하게 될 것입니다. 또한 복사에 대해 눈여겨보게 되어 그들의 역할에 대해 관심을 가지게 될 것입니다.

저는 이 책이 되도록 널리 퍼졌으면 하고 바랍니다. 또한 일선 사목자들이 이 책을 통해 복사뿐만 아니라 신자들에게도 전례에 대해서 쉽게 알려 주었으면 합니다. 이미 체계적인 교리 교육이나 전례 교육을 받았더라도 이 책과 함께 전례에 관해 다시 배운다면 신자들이 더욱 교회와 가까워지는 계기가 되고 나아가 전례 봉사자가 되려는 마음도 가지게 될 것입니다. 그리고 이를 통해 신자들은 하느님께 더욱 가까이 다가갈 수 있는 행운을 얻게 될 것입니다.

김정훈 스테파노 신부

감수자의 말
예수님을 만나고 행복하게 살아가기 위해

'어떻게 하면 신자들이 전례에 능동적으로 참여하게 할 수 있을까?' 이것이 바로 제2차 바티칸 공의회 교부들의 고민이었습니다. 교회는 그것을 다각적인 측면에서 해결하려고 성직자 중심의 전례를 쇄신하여 하느님 백성 전체의 전례로 복귀시켰습니다.

왜 교회는 신자들이 전례에 의식적이고 완전하며 능동적으로 참여하기를 바랄까요? 그것은 전례, 특히 십자가의 희생 제사를 재현하는 미사 거행에 그리스도께서는 당신의 이름으로 모인 회중과 집전자의 인격, 당신 말씀 안에 실제로 현존하시며, 성찬의 형상들 아래 실체로서 계속하여 현존하시기에 신자들이 전례를 통해 그리스도를 만나서 구원의 기쁨을 누리도록 하려는 까닭입니다.

전례에 참여한 신자들은 더 이상 방관자나 관객이 아닙니다. 그리스도의 신비체를 이루는 한 지체로서 각자의 역할을 전례에서 열심히 수행하고 있는 것입니다. 그런데 그냥 열심히 수행하기보다는 전례에 대한 기본을 이해하고 자기 역할을 숙지할 때 그 역할을 제대로 수행할 수 있습니다.

이 책은 전례에 대한 기본 개념을 이해하도록 합니다. 또한 전례 거행의 구체적인 상황에 맞춰 그 전례 거행의 의미를 설명해 주고, 이를 위해 무엇을 준비해야 하는지, 어떻게 행동해야 하는지, 그리고 어떤 역할을 해야 하는지를 잘 설명해 줍니다. 특히 그림과 표를 통해서 설명하기에 이 책을 읽는 누구나 알기 쉽습니다. 많은 분들이 이 책을 읽고서 전례에 보다 능동적이고 의식적으로 참여하여 전례에 함께하시는 예수님을 만나고 그분이 주시는 구원의 은총을 받아 세상에서 그리스도인으로 기쁘고 행복하게 살아가기를 바랍니다.

"와서 보아라, 주님의 업적을
세상에 놀라운 일을 이루신 그분의 업적을!"(시편 46,9)

가톨릭 전례학회 회장
윤종식 티모테오 신부

차례

추천사 · **전례에 실제로 도움이 되는 안내서**   4

머리말 · **복사가 알아야 하는 모든 것**   7

옮긴이의 말 · **전례를 쉽게 가르쳐 주는 책**   9

감수자의 말 · **예수님을 만나고 행복하게 살아가기 위해**   12

1. 복사는 누구인가요?   17
2. 전례에서 봉사하는 사람들   30
3. 장소   40
4. 상징   50
5. 전례주년, 전례 거행, 전례서   71
6. 전례복과 선례 도구   93
7. 성체성사   115
8. 다른 성사들   134
9. 준성사와 여러 가지 전례들   163
10. 특별한 두 복사: 예절지기와 향로 복사   194
11. 복사단   212

색인   232

1. 복사는 누구인가요?

 교회가 하느님께 바치는 공적인 예배로서 예수 그리스도가 하신 구원 사업을 계속 수행하는 것을 '전례'라고 합니다. 곧 전례는 그리스도인들이 교회의 이름으로 하느님께 바치는 예배입니다. 이 책은 전례에서 봉사하는 복사가 되고 싶거나 복사에 대해 알고 싶은 분, 또는 이미 복사가 된 분을 위한 안내서입니다. 그런데 복사가 되고 싶든, 이미 복사가 되었든 상관없이 모두가 알아야 할 중요한 사항이 있습니다. 그것은 무엇보다도 복사가 무엇을 하는 사람인지 아는 것입니다. 그다음으로는 주님 가까이에서 봉사하는 복사가 되기 위해 꼭 필요한 것이 무엇인지도 알아야 합니다.

'복사'라는 말의 뜻은?

 전례에서 주례자(주교, 사제, 부제)를 도와 봉사하는 어린이, 청소년, 어른을 가리켜 '복사', '보補미사', '보조자' 등 여러 가지 말로 부릅니다. 그중에서 사람들이 가장 많이 사용하는 말이 바로 '복사'입니다. 다시 말해, 복사服事라는 말은 전례에서 주교님이나 신부님을 도와주는 사람을 가리키는 말입니다.

특별히 초대받은 사람

이것은 복사가 어떤 사람인지 가장 쉽고 분명하게 알려 주는 표현입니다. 예를 들어, 어떤 사람이 유명한 연예인이나 운동선수에게 초대를 받아 인사를 나누고 사진을 함께 찍었다면 많은 사람들이 그를 부러워할 것입니다. 그런데 우리 그리스도인에게 예수님은 그 누구보다도 더 훌륭하고 멋진 분입니다. 그런 예수님 가까이에서 봉사하도록 특별히 초대받은 사람이 바로 복사입니다. 이처럼 예수님 곁에 초대받는다는 것은 참으로 행복하고 기쁜 일이며 두고두고 감사해야 할 큰 선물입니다.

미사에 대해 설명할 때 다시 이야기하겠지만, 미사는 예수님의 최후의 만찬을 기념하는 예식입니다. 또한 우리를 위해 십자가에 못 박혀 돌아가시고 부활하신 예수님을 기억하는 제사입니다. 예수님은 미사를 통해 우리를 최후의 만찬과 제사에 함께하도록 초대하십니다.

여기서 잠깐! 우리가 예수님 시대에 살고 있다고 상상해 보면 어떨까요? 하루는 예수님이 우리를 보시고는 최후의 만찬을 준비하는 데 도와 달라고 부탁하십니다. 그러면 어떤 마음이 들까요? 참으로 기쁘고 행복한 마음이 들지 않을까요? 예수님께 그런 초대를 받은 사람은 틀림없이 곧장 그곳으로 달려가 부탁받은 일을 할 것입니다. 그리고 그 식탁에서 사도들 옆에 앉아 예수님의 말씀을 귀 기울여 듣고 그분의 행동을 눈여겨볼 것입니다.

어른의 임무

복사는 예수님이 특별히 초대한 사람입니다. 그러므로 복사의 임무는 매우 영예로운 것입니다. 하지만 그러한 영예에는 항상 그에 걸맞은 책임이 따릅니다. 그래서 복사는 참으로 책임감 있는 어른이 되어야 합니다. 그렇기에 복사는 '어른의 임무'라고 할 수 있습니다. 나이는 그리 중요하지 않습니다. 마음이 넓고 이해력이 큰 것이 중요하지요.

아름다운 어떤 것을 실현하기 위해 맡은 바 임무를 수행하는 이들은 모두 어른입니다. 우리 부모님처럼 말이지요. 그분들에게 "우리를 위해 하시는 일이 힘들지 않으세요?" 하고 물으면 아마 이렇게 대답할 것입니다. "힘들 때도 있지만 기쁨과 만족이 더 크지요." 복사도 마찬가지입니다. 힘들 때도 있지만 열심히 노력하고 집중할수록 맡은 일을 더 잘 할 수 있고 기쁨과 만족을 얻을 수 있습니다. 그러므로 예수님이 주신 중요한 복사 임무를 열심히 성실하게 해야 합니다. 실수하지 않을까, 잘할 수 있을까 걱정하기보다 복사로서 열심히 봉사하는 것이 어른이 되는 길입니다.

복사는 다른 이들과 구분됩니다

예수님을 증거하는 사람으로서의 복사가 되기 위해서는 외적으로든 내적으로든 다른 이들과 구별되는 모습이어야 합니다.

이렇게 복사들을 다른 사람들과 구별하기 위해서는 무엇보다도 특별한 예복이 필요합니다. 그래서 복사복은 단정하면서도 다른 사람들과 구별되는 색깔로 되어 있습니다. 복사복이 다른 사람들의 옷과 달라 주목받게 되어 힘들어 하는 경우가 있는데 그럴 필요가 없습니다. 복사복은 전례에 봉사하는 사람임을 드러내기 위한 것이지 자랑하려고 입는 것이 아니기 때문입니다. 사람들은 여러분이 복사복을 입은 것을 보고, 여러분이 '값진 임무를 수행하는 중요한 사람'이라는 것을 알 수 있습니다. 곧 전례에서 신부님을 도우면서 예수님 가까이에서 봉사하는 사람임을 알게 됩니다. 일반적으로 복사복은 모양이 매우 다양합니다. 그러나 전통적으로는 크게 두 가지 형태로 나눕니다.

수단 형태

신부님이 평상시에 입는 수단과 비슷한 형태의 복사복입니다. 이런 형태의 복사복은 주로 검은색이나 붉은색이며, 일반적으로 그 위에 '중백의'라고 불리는 흰 전례복을 입습니다. 중백의의 소매와 아랫단에는 자수를 놓거나 레이스를 달기도 합니다.

장백의 형태

신부님이 전례 때 입는 장백의와 같은 형태의 복사복입니다. 이런 형태의 복사복은 주로 흰색이며 붉은색이나 금색으로 어깨 부분에서 아래까지 수를 놓거나 장식을 붙이기도 합니다. 여기에 모자가 달린 남자 수도복 형태로 복사복을 만들기도 하는데, 두 가지 형태 모두 허리에 띠(끈 형태)나 천(밴드 형태)을 두르는 경우가 많습니다.

특별한 옷을 입는다고 특별한 사람이 되는 것은 아닙니다. 복장은 마음을 표현하기 위한 것일 따름이니까요. 하지만 복사복은 예수님을 위해 봉사하려는 선한 마음을 드러내는 복장이라는 점을 항상 기억해야 합니다. 따라서 복사복을 입었을 때는 그 마음에 맞는 행동을 하는 것이 좋습니다.

훌륭한 복사가 되려면 어떻게 해야 할까요?

훌륭한 복사가 되려면 다음 사항들을 기억하는 것이 좋습니다.

봉사할 마음의 준비

봉사는 다소 어렵지만 그만큼 매우 중요한 일입니다. 봉사가 쉽지 않은 까닭은 겸손한 마음과 좋은 의향을 지녀야 하기 때문입니다. 여러분을 위해 매일같이 일하고 필요한 모든 것을 준비해 주시는 부모님을 떠올리면 충분히 이해가 갈 것입니다. 복사도 봉사를 훌륭히 수행하고 어른이 될 수 있습니다. 복사는 언제든지 예수님이 부탁하시는 일을 할 수 있도록 마음의 준비를 해 두어야 합니다.

하나의 공동체로 예수님과 한마음 한 몸을 이루기

공동체가 함께 예수님을 찬미하고 예수님께 감사하며 예수님을 경배한다는 의미로 '거행'이라는 말을 사용합니다. '전례를 거행한다'라고 표현하는 까닭은 모두 함께 하느님을 찬미하는 하나의 공동체, 곧 예수님과 한마음 한 몸을 이루게 됨이 그만큼 중요함을 알려 주는 표현입니다.

예수님의 현존 앞에 있기

다른 사람의 생일 잔치에 가서 주인공의 얼굴을 바라보지 않는다면 그것은 그리 사려 깊은 행동이 아닐 것입니다. 이는 예수님이 초대하신 잔치에서도 마찬가지입니다. 복사는 성체와 그분의 말씀에, 주례자의 인격에, 참석한 신자들에게 계신 예수님의 현존을 이해하려고 노력해야 합니다.

적극적으로 참여하기

파티에 초대받고 가서 한쪽 구석에만 있는 것은 좋지 않습니다. 오히려 다른 사람들과 함께 즐겁게 어울리면서 파티에 적극적으로 참여하는 것이 좋습니다. 이와 마찬가지로 예수님의 잔치에 초대받은 복사는 눈과 귀, 특히 머리와 가슴이 모두 예수님을 향해야 합니다. 그리고 전례 봉사에 집중하여 적극적으로 참여해야 합니다.

함께 봉사하기

여럿이 한 팀을 이루어 일을 할 때에는 서로 역할을 나누어 함께 협력해야 합니다. 이와 마찬가지로 여럿이 한 조가 되어 봉사할 때에는 누가 무엇을 어떻게 해야 할지 미리 정하고 연습한 다음 서로 협력하면서 실수 없이 움직여야 합니다. 그렇지 않으면 전례에 참여하는 다른 사람들이 기도하는 데 방해가 됩니다.

복사가 갖추어야 할 마음과 자세는 무엇인가요?

훌륭한 복사가 되기 위해서는 좋은 습관을 지녀야 하고 선한 마음과 반듯한 자세를 갖추어야 합니다. 이것은 복사 자신뿐 아니라 그를 바라보는 다른 사람들을 위해서도 필요한 사항입니다. 가장 기본적인 것은 다음과 같습니다.

용기

복사의 옷차림이나 동작을 보고 이상하고 어색하다고 느낄 수 있을 것입니다. 또는 실수를 할까 봐 걱정이 되기도 할 것입니다. 그럴 때 복사에게 필요한 것은 용기입니다. 다른 사람들이 복사를 이해해 주지 않는다고 하여 마음이 상할 필요가 없습니다. 예수님도 이웃과 친구들에게 이해를 받지 못하셨습니다. 그렇지만 예수님은 다른 사람들의 말이나 생각을 마음에 두지 않으시고 항상 용기를 내어 하느님 아버지의 뜻을 실천하셨습니다.

자발적인 마음

자발적인 마음은 언제나 기쁘게 "예, 제가 하겠습니다." 하고 대답하는 것입니다. 우리가 어떤 것을 좋아하면 그것을 위해 다른 것을 포기할 수 있습니다. 마찬가지로 예수님을 사랑한다면, 특히 주일 미사나 대축일 미사 때 예수님의 제단에서 봉사하기 위해서라면, 즐겁고 기쁜 마음으로 다른 것을 포기할 줄 알아야 합니다.

성실함

어떤 사람이 무단으로 결근한다면 동료들은 그와 함께 하기로 계획한 일을 처리할 수 없을 것입니다. 따라서 누구든 어떤 임무를 맡으면 자신이 맡은 일이 무엇인지 잊지 말고 그 일을 다 마칠 때까지 성실한 태도를 보여야 합니다.

시간 지키기

자신이 맡은 일을 잊지 않는 것도 중요하지만 그에 못지않게 중요한 것이 있습니다. 바로 시간을 잘 지키는 것입니다. 따라서 자신이 복사로 봉사할 차례가 되면, 정해진 시간에 늦지 않게 성당에 도착해서 침착하게 준비해야 합니다. 그러기 위해서는 시계를 잘 보고 미리 준비하여 지각하는 일이 없도록 해야 합니다.

정리 정돈

복사는 예수님 곁에서 봉사하는 사람이기에 깔끔하게 정리 정돈을 잘하는 것이 중요합니다. 따라서 전례에서 봉사할 때는 항상 깨끗한 복사복을 입고 두 손을 반듯하게 모으며 단정한 모습을 갖춰야 합니다. 물론 복사복 안에 입은 옷도 단정하고 말끔해야 합니다.

침묵

제대에서 봉사할 때는 옆에 있는 복사와 잡담해서는 안 됩니다. 그래야 신부님을 정성껏 도울 수 있고, 다른 사람들에게 본보기가 될 수 있습니다. 침묵은 주의를 집중하기 위해서뿐만 아니라 정성껏 기도하기 위해서도 매우 중요한 자세입니다.

복사가 멀리해야 할 마음과 자세는 무엇인가요?

예수님 곁에서, 그분의 현존과 신비 앞에서 봉사하는 복사의 임무는 어렵고 힘이 들지만 매우 아름답고도 훌륭한 임무입니다. 예수님을 위해 봉사하고 다른 사람들이 정성껏 기도하는 데 도움을 주기 때문입니다. 이러한 복사의 임무를 잘하려면 멀리해야 할 것이 있습니다. 작고 사소해 보이지만 자신도 모르는 사이에 나쁜 습관이 될 수 있기 때문에 조심해야 하는 것입니다. 따라서 복사는 자신에게 좋지 않은 습관이 있는지 살피고 항상 선한 마음을 지니려고 노력해야 합니다. 그리고 복사단 지도자나 사제가 지적하는 사항을 잘 듣고 충실히 따라야 합니다. 무엇보다도 복사가 멀리해야 할 것은 다음과 같습니다.

지각

다른 사람과 약속을 하고 그 시간보다 늦으면, 상대방에게 좋은 인상을 줄 수 없을뿐더러 하고자 한 일도 잘해내기 어렵습니다. 마찬가지로 미사 시작 직전에 뛰어오거나 미사가 이미 시작되고 나서 뒤늦게 오면 예수님께 좋은 인상을 줄 수 없을 뿐만 아니라 복사 역할을 잘 해내기도 어렵습니다. 따라서 미사 시간에 늦지 않도록 항상 주의해야 합니다.

습관

어떤 일을 반복해서 하다 보면, 자신도 모르는 사이에 별 생각 없이 하게 됩니다. 하지만 예수님을 위해 봉사하는 일은 몸과 마음을 집중하고 정성을 다해야 하는 일이지 단순히 습관처럼 해서는 안 됩니다.

눈에 띄는 행동

제대에서 봉사하는 복사는 전례의 주인공이나 중심인물이 아닙니다. 미사의 주인공은 예수님이시고 복사는 예수님을 위해 봉사하는 사람입니다. 따라서 복사는 사람들이 예수님을 바라보고 예수님께 집중하도록 도와야 합니다. 그런데 복사 자신의 몸짓이나 태도가 너무 눈에 띄면 사람들은 예수님께 집중할 수 없습니다. 그러므로 그렇게 되지 않도록 끊임없이 주의를 기울여야 합니다.

즉흥적인 태도

전례에서 봉사하기 위해서는 미리 준비를 잘해야 합니다. 제대로 준비하지 않고 즉흥적으로 행동하다 보면 실수하기 쉽습니다. 그러면 전례의 분위기를 흐려 놓게 됩니다. 맡은 일을 훌륭히 해내고 싶다면 항상 미리 준비해야 합니다.

산만함

복사는 전례에 초대한 예수님께 모든 주의가 집중될 수 있도록, 자기 자신과 다른 사람들의 마음이 산만해지지 않도록 주의해야 합니다. 물론 대축일 미사의 경우에는 전례 시간이 길기 때문에 계속해서 집중하는 것이 쉽지 않습니다. 하지만 예수님을 위해 봉사하고 있다는 것을 기억하면서 복사들끼리 서로 돕는다면 어렵지 않게 집중할 수 있을 것입니다.

부끄러움

이것은 용기와 반대되는 말입니다. 복사가 부끄러움을 느끼게 되는 경우는 적지 않습니다. 여러 사람들이 지켜보는 가운데 복사복을 입고 제대에서 봉사하는 것은 주목을 받는 일이기에 부끄럽다고 느낄 수 있지요. 그러니 제대에서는 용기를 내어 부끄러움을 이겨 낼 수 있습니다.

복사로서의 마음과 자세를 자주 되새겨야

지금까지 우리는 훌륭한 복사의 모습에 대해 살펴보았습니다. 그런데 우리 자신이 아직 그런 모습이 아니라고 해도 실망할 필요는 없습니다. 중요한 것은 그러한 모습을 갖추려고 배우고 노력하는 마음입니다. 열심히 배우고 노력하다 보면 어느 순간 우리 자신도 모르는 사이에 훌륭한 복사가 되어 있을 것입니다.

또한 우리는 훌륭한 복사가 되기 위해 필요한 것에 대해 이야기했는데, 그중에는 처음 들어 보는 것도 있었을 것입니다. 하지만 걱정할 필요가 없습니다. 이제부터 하나하나 조금씩 배우고 익히면 되기 때문입니다.

여기서 여러분에게 부탁하고 싶은 것은 이 장의 앞부분을 자주 읽어 보라는 것입니다. 예수님을 위해 봉사하려는 마음의 준비가 되어 있지 않으면 아무리 많은 것을 알고 있어도 소용이 없습니다. 그러므로 먼저 복사가 어떤 사람인지, 예수님을 위해 봉사하려면 어떤 마음과 자세를 갖추어야 하는지 정확히 알고 그것을 계속 되새기는 것이 중요합니다.

2. 전례에서 봉사하는 사람들

'봉사 직무'란 무엇인가요?

사물과 사람 중에 더 중요한 것은 무엇일까요? 분명 사람이겠지요. 그래서 이 장에서는 교회라는 큰 가족을 구성하는 사람들에 대해서 먼저 이야기하려고 합니다. 교회를 집에 비유한다면, 전례에서 봉사하는 모든 사람은 그 집에 함께 사는 가족입니다.

우리가 사는 집은 세상에서 가장 안전하고 편안한 곳입니다. 그 집에 같이 사는 가족들은 서로를 잘 알고 있을 뿐만 아니라 각자 어떤 일을 하는지도 잘 알기 때문입니다. 신앙인들의 집인 교회에서도 마찬가지입니다. 교회에서 함께하는 사람들도 상대방이 누구인지 무슨 일을 하는지 잘 알고 있어야만 편안한 마음으로 봉사할 수 있습니다.

교회에서 봉사하는 일을 가리켜 '봉사 직무'라고 합니다. 이 말은 조금 생소하게 느껴지겠지만, 쉽게 '봉사' 또는 '섬김'이라는 뜻으로 이해하면 됩니다. 앞에서 봉사할 마음의 준비를 설명하며

"봉사는 다소 어렵지만 그만큼 매우 중요한 일입니다."라고 한 말을 기억하지요? 봉사 직무는 바로 그러한 일입니다. 교회에서 봉사하는 사람들은 각자 자신이 맡은 직무를 수행합니다. 복사도 그러한 직무 가운데 하나입니다. 그럼 이제부터 교회에서 봉사 직무를 수행하는 사람에는 어떤 이들이 있는지 자세히 살펴보겠습니다.

예수님이 세우신 봉사 직무와 교회가 세운 봉사 직무

각 가정에서 가족을 돌보는 책임을 맡은 사람은 아버지와 어머니입니다. 따라서 아버지와 어머니는 집에서 가장 중요한 자리에 있다고 할 수 있습니다. 교회도 가정에 비유할 수 있습니다. 우리 가정의 아버지와 어머니와 마찬가지로 교회에도 모든 신자의 신앙생활을 도와주고 이끌어 주는 매우 중요한 책임을 맡은 사람이 있습니다.

예수님은 교회를 이끌고 돌보는 책임을 맡길 사람을 교회 안에서 뽑고, 그 사람에게 필요한 힘을 주시기 위해 '성품성사'를 세우셨습니다. 성품은 세 가지 단계로 나뉘어 있습니다. 곧 주교품과 사제품과 부제품입니다. 이는 얼마나 많은 책임을 져야 하는가에 따라 그 직무와 자리가 결정되는 것입니다. 여러분이 이 세 가지 품에 대해 이미 알고 있을 수도 있지만, 여기에서는 주교, 사제,

부제가 누구며 어떤 직무를 수행하는 분들인지 살펴보겠습니다.

주교

'교구'라고 불리는 지역 교회를 책임지는 분을 '주교'라고 부릅니다. 주교는 '높은 곳에서 지켜보는 사람'이라는 뜻을 지닌 그리스어 '에피스코페스'에서 유래한 말입니다. 예를 들어, 자녀들이 즐겁게 뛰어노는 모습을 지켜보면서 보호해 주는 아버지처럼, 주교는 교회 전체를 살피고 돌보는 일을 합니다. 따라서 주교는 자신의 교구에 속한 모든 신자를 책임지는 분입니다.

주교는 신자들을 위해 모든 성사를 거행할 수 있고 모든 전례를 주례할 수 있습니다. 그중에서도 견진성사와 성품성사, 그리고 성당과 제대 축성은 주교만이 집전할 수 있습니다.

사제

이 명칭은 주로 성당에서 만날 수 있는 신부님을 가리키는 말입니다. 사제는 주교에게 사제품을 받고 신자들을 돌보라고 파견을 받은 분으로, 신자들을 위

해 세례성사, 성체성사, 고해성사, 병자성사를 집전하고 혼인성사를 주례하며 죽은 이들을 위해 장례 미사를 거행합니다. 특별한 경우에는 주교의 위임을 받고 견신성사를 거행하기도 합니다.

부제

사제와 마찬가지로 주교에게 부제품을 받고 교회에서 봉사하는 직무를 가리킵니다. '부제'라는 말은 본래 '봉사자'라는 뜻을 가진 그리스어 '디아코노스'에서 유래했습니다. 부제품은 결혼한 사람도 받을 수 있는데, 그러한 경우 사제품을 받을 수 없기 때문에 '종신 부제'라고 합니다. 결혼을 하지 않은 사람은 부제품을 받은 지 일정 기간이 지나면 사제품을 받을 수 있습니다. 부제는 복음을 선포하고 주교나 사제를 도우며 세례성사를 집전할 수 있습니다. 또한 성체를 분배하고, 병자들에게 성체를 모셔다 영해 주는 병자영성체를 할 수 있으며, 혼인성사와 장례식을 주례할 수 있습니다.

예수님이 세우신 봉사 직무 외에도, 공적이고 특별한 임무를 수행하도록 '교회가 세운 봉사 직무'도 있습니다. 교회가 세운 봉사 직무는 한때 사제직을 준비하는 사람들만 수행할 수 있었지만, 지금은 평신도들도 그러한 직무들을 수행할 수 있습니다.

시종직

이 직무를 부여받은 사람, 곧 '시종'은 공적으로 사제와 부제를 돕는 일을 합니다. 곧 미사를 봉헌할 수 있도록 제의방과 제대를 준비하는 일을 비롯하여 전례 중에 사제나 부제를 도와주는 역할을 합니다. 또한 영성체 시간에 성체를 분배하거나 성체 흠숭을 위한 성체 현시를 할 수도 있습니다. 시종직을 받은 사람이 하는 일은 복사와 비슷한 면이 있지만, 복사보다 책임과 임무가 큽니다. 또한 '시종직 수여식'이라는 공적인 예식을 통해 이 직무를 부여받습니다.

독서직

이 직무를 부여받은 사람, 곧 '독서자'는 미사나 다른 전례 중에 독서대에 올라가 복음을 제외한 성경 말씀을 읽을 수 있습니다. 물론 독서직을 받지 않은 사람도 성당에서 미사 중에 독서대에 올라가 성경 말씀을 읽을 수 있습니다. 그러나 독서직을 수여받은 사람은 전례 때 공적으로 독서를 할 수 있는 직무를 교회로부터 부여받은 것이므로 일반 신자들보다 더 전문적이고 충실하게 독서를 준비하고 성경을 읽을 수 있습니다.

비정규 성체 분배자

본당에서 미사에 참석하면 영성체 때 신부님을 도와서 성체 분배를 하는 평신도를 자주 볼 수 있습니다. 이들은 남성이든 여성이든 성체 분배권을 받은 사람들로 거의 시종처럼 주례자를 도와 성체를 분배할 수 있습니다. 그러나 이를 위해서는 교구에서 정한 성체 분배자 교육을 받고 주교에게 자격을 허락받아야 합니다.

그 밖의 다른 봉사 직무

예수님이 세우신 봉사 직무와 교회가 세운 봉사 직무 외에도 봉사 직무에는 여러 가지가 있습니다. 사실 우리 모두가 이미 봉사자라고도 할 수 있습니다. 세례성사를 통해 우리 모두는 당신의 생명을 내어 주면서 봉사하러 오신 예수님을 닮은 사람이 되었기 때문입니다. 따라서 남자든 여자든, 어른이든 어린이든, 부자든 가난한 사람이든 상관없이 우리 모두는 예수님처럼 다른 사람을 위해 봉사해야 합니다.

성당은 본당 신부님을 중심으로 신자들이 모여 기쁘고 활기찬 공동체를 이룬 곳입니다. 그러한 성당에서 우리는 많은 사람들이 다른 사람들을 위해 봉사 직무를 맡아 이를 수행하는 모습을 보고는 합니다. 그중에서도 여기서는 특별히 미사 때 봉사하는 직무를 간단히 정리해 보고자 합니다.

전례 봉사자

미사를 위해 봉사하는 모든 사람을 '전례 봉사자'라고 부를 수 있습니다. 전례 봉사자들은 신자들이 차분하고 경건한 마음으로 미사를 봉헌하고 기도할 수 있도록 봉사하는 일을 합니다. 봉사자들은 각자가 맡은 고유한 직무가 있으며, 그에 따라 고유한 호칭으로 불립니다. 예를 들어, 행렬 때 초를 들고 가는 복사는 '초 복사'라고 부릅니다. 그리고 흰 연기를 뿜는 향과 향로를 들고 가는 복사들을 각각 '향 복사'와 '향로 복사'라고 부릅니다. 또한 십자가를 들고 행렬하는 복사는 '십자가 복사'라고 부릅니다. 이에 대해서는 11장에서 좀 더 자세히 알아보겠습니다.

예절지기

미사를 위한 전례 봉사자들, 특히 복사들을 미리 교육하고 각자 맡은 역할을 연습하고 맞춰 볼 수 있도록 지도하는 것은 물론이고, 미사 때 복사들이 정해진 시간에 정해진 일을 하도록 조절하고 지시하는 사람을 가리켜 '예절지기'라고 부릅니다. 따라서 예절지기는 미사 때 모든 것이 정확하고 장엄하게 진행되도록 봉사하는 사람입니다.

성가대와 반주자

성가는 신자들이 하느님을 찬미하며 기도할 수 있도록 도와주는 역할을 하는, 전례에서 매우 중요한 요소입니다. 성가를 부르기 위해 모인 합창단을 성가대라고 하는데, 성가대는 단지 노래를 잘 부르는 사람들의 모임이 아니라 전례에 참여한 사람들이 하느님을 찬미하며 기도할 수 있도록 봉사하기 위해 모인 합창단이라는 점을 유념해야 합니다. '반주자'는 성가대가 신자들과 함께 찬미 노래를 잘 부를 수 있도록 성가에 맞게 오르간이나 다른 악기를 연주하는 봉사자입니다.

제의방 봉사자와 안내 봉사자

제의방 봉사자는 사제가 미사를 봉헌하는 데 필요한 모든 것을 준비할 뿐 아니라, 미사기 끝난 다음 제대를 정리하고 제의와 제구를 닦고 보관하는 일을 합니다. 안내 봉사자는 미사를 봉헌하러 온 신자들에게 주보를 나눠 주고 자리를 안내하거나 전례에 필요한 것을 준비해 주는 역할을 합니다.

이처럼 많은 사람이 저마다 다른 자리에서 전례를 위해 봉사하고 있습니다. 그리고 누구든지 마음만 먹으면 교회라는 큰 울타리 안에서 전례 봉사자가 되어 다른 사람들을 위해 봉사할 수 있습니다. 이렇게 누구나 할 수 있는 봉사지만 항상 기억해야 할 점이 있습니다. 이러한 전례 봉사는 자신을 높이기 위한 자리가 아니라 미사에 참례한 신자들이 기쁜 마음으로 정성껏 기도할 수 있도록 성실하게 봉사하는 자리라는 점입니다.

3. 장소

교회, 교구, 성당

무엇보다 '교회'는 예수 그리스도를 믿고 따르는 이들의 공동체를 가리키는 말입니다. 교회는 크게 보편 교회와 지역 교회로 구분합니다.

베드로 사도를 시작으로 예수님의 뜻을 따라 지금까지 이어 온 교회를 '보편 교회'라고 부릅니다. 온 세상에 흩어져 있지만 교황의 인도 아래 있고, 성령의 힘으로 예수님의 가르침을 따르며, 하느님 아버지를 향해 나아가는 가톨릭교회 전체를 보편 교회라고 부르는 것입니다. 이처럼 엄청나게 큰 보편 교회는 지역별로 교구라고 불리는 작은 단위로 나뉘는데, 이를 '지역 교회'라고 부릅니다.

각 교구의 총책임자는 주교입니다. 주교는 교황과 한뜻이 되어 자기 교구의 신자를 돌보는 지도자입니다. 하지만 교구에는 성당과 신자가 많아서 주교 혼자 모든 본당과 신자를 돌볼 수 없습니다. 따라서 주교는 사제들에게 책임을 맡겨 성당과 신자를 돌보게 합니다. 이처럼 사제가 머물면서 미사를 봉헌하고 신자를 돌보는 성당을 본당이라고 합니다. 정리하자면, 보편 교회는 모든 가톨릭 신자가 한마음으로 일치한 교회 전체를 말하며, 지역 교회는 우리가 일상생활에서 접하는 교회를 뜻합니다.

콜로새 신자들에게 보낸 서간에서 바오로 사도는 예수님이 '당신 몸인 교회의 머리'(콜로 1,18 참조)라고 가르쳤습니다. 이는 예수님이 머리이시고 우리 모두가 그분의 몸을 이루는 지체라는 뜻입니다. 이처럼 교회는 하느님의 백성을 뜻합니다. 그러나 '교회'라는 말은 우리가 미사를 봉헌하는 성전, 곧 성당을 가리키는 말이기도 합니다. 우리 그리스도인들은 함께 하느님을 찬미하고 기도하기 위해서 모임을 할 수 있는 장소가 필요했습니다. 이런 이유로 교회 건물을 짓고 이 또한 교회라고 불렀습니다. 이런 의미의 교회는 그 규모와 기능에 따라 여러 가지 이름으로 불립니다.

바실리카(대성전)

'바실리카'는 '왕궁'이라는 뜻을 지닌 그리스어에서 유래한 것으로, 고대 로마 양식으로 건축된 성당 가운데 특별한 중요성을 교황으로부터 인정받은 성당을 말합니다. 예를 들어, 성 베드로 대성전, 성 바오로 대성전, 성모 마리아 대성전, 성 요한 라테라노 대성전을 로마의 4대 바실리카라고 부릅니다.

주교좌성당

주교좌성당은 교구장 주교의 주교좌가 있는 성당을 말합니다. 곧 교구의 중심 본당으로 주교가 직접 관할하며 미사를 집전하는 성당입니다. 예를 들어 서울대교구에는 명동 주교좌성당이 있고, 대구대교구에는 계산 주교좌성당이 있으며, 광주대교구에는 임동 주교좌성당이 있습니다.

성당(본당)

주교좌성당을 제외한 나머지 성당들은 특별한 이름을 붙이지 않고 단순히 '성당'이라고 부릅니다. 다른 성당과 구분하기 위해 지역 이름이나 수호성인의 이름을 붙여 쓰는 것이 일반적입니다. 예를 들어 전동 성당이나 화곡2동 성당, 분당 성요한 성당 등으로 부릅니다. 이러한 성당 가운데 신부님이 거주하면서 미사를 봉헌하고 신자들을 돌보는 곳을 '본당'이라고 부릅니다.

경당(소성당)

본당 내에서나 독립적으로 미사 거행 또는 기도를 할 수 있도록 마련된 작은 성당을 경당이라고 합니다. 외국에서는 산 위 또는 거리 중간에 있기도 합니다.

두오모

이탈리아에 가면 두오모Duomo라고 불리는 성당을 볼 수 있습니다. 이는 어원적으로 '집'을 의미하는데, 그 도시에서 좀 더 중요한 성당을 뜻하는 말입니다. 이 성당은 중세 시대에 반석 위에 지어진 독립된 하나의 건물로서 모든 이를 위한 집이라는 의미로 자주 사용되었기에 이러한 이름으로 불리게 되었습니다.

오라토리오

오라토리오Oratorio는 수도회나 형제회에서 기도를 위해 마련된 경당을 일컫는 말입니다.

성당 내부의 주요 부분

성당은 일반적인 주택이나 사무실과는 차원이 다른 건물입니다. 성당은 하느님을 찬미하는 동시에 우리가 기도하는 집이며 주님의 성체를 모신 성전입니다. 따라서 외적인 형태가 어떤지는 크게 중요하지 않습니다. 오히려 찾아오는 사람들의 마음을 편안히게 해 주고 기쁘고 즐거운 마음으로 하느님을 찬미하며 정성된 마음으로 기도할 수 있는 분위기를 갖추는 것이 중요합니다. 하지만 성당이 여느 일반적인 건물과는 다르다는 사실은 외적인 모습에서부터 잘 드러납니다.

전통적으로 성당 정면 꼭대기에는 **종탑**을 세웠습니다. 종탑에는 커다란 종을 매달고 미사의 시작과 끝, 그리고 삼종기도 시간에 종을 울렸습니다. 성당 종소리는 시계가 없던 시절에 사람들에게 시간을 알려 주는 역할도 했습니다. 그러나 오늘날에는 시계가 보편화되어 특별히 성당 종을 울리지 않아도 사람들이 기도 시간과 미사 시간을 알 수 있고, 신자가 아닌 사람들은 큰 종소리를 소음처럼 느끼고 싫어하는 경우도 있습니다. 그래서 요즘에는 많은 성당이 종을 치지 않으며, 종탑이 아예 존재하지 않는 현대식 성당 건물도 많이 볼 수 있습니다.

성당 정면도 중요한 부분입니다. 아름답게 꾸며진 성당 정면은 성당을 찾아오는 사람들에게 '환영받는다'는 느낌을 줍니다. 또한 **성당 정면 출입문**도 아름답게 꾸며져 있습니다. 이는 이 문으로 들어가는 사람은 누구나 천국 문을 떠올리도록 하기 위한 것입니다. 그러나 성당 마당에서 보이는 정면이나 출입문보다 더 중요한 곳은 미사와 여러 성사를 거행하는 성당 내부입니다.

제단

전례를 위해 사제와 복사에게 마련된 자리입니다. 제단은 신자의 자리보다 높게 만들며, 제단 위에는 제대와 독서대, 그리고 주례석이 있습니다. 오늘날 명동 성당에서 볼 수 있는 것처럼, 옛날에는 제단과 신자석을 완전히 구분하여 제단 앞쪽에 난간을 세웠습니다.

제대

제대는 미사를 거행할 수 있도록 나무나 돌을 재료로 식탁 또는 덩어리 형태로 만듭니다. 제대는 우리를 구원하기 위해 하느님 아버지께 자신을 봉헌하신 예수님을 상징합니다. 이 때문에 우리는 성당에 들어갈 때 제대를 향해 인사합니다. 그리고 제대 앞을 지나갈 때에도 인사를 합니다. 성당을 새로 지어 축성할 때, 예수님을 상징하는 제대는 특별히 네 귀퉁이에 십자가 표시로 성유를 발라 축성합니다. 또한 제대 한가운데에는 홈을 파고 성인의 유해를 모시기도 합니다. 성 베드로 대성전과 같이 크고 오래된 성당의 제대는 주변에 네 개의 기둥을 세우고 지붕을 얹은 형태로 제작되기도 하였습니다. 그러한 형태의 제대를 '딮집 형태로 덮인 제대'라고 부릅니다.

독서대

독서대는 하느님의 말씀(독서, 화답송, 복음)을 선포하고 설명(강론)을 하는 장소입니다. 그리고 신자들의 기도의 지향을 알리고 파스카 성야 미사 때 부활 찬송을 노래하는 자리이기도 합니다. 독서대는 이처럼 중요한 자리이기 때문에 예쁜 꽃이나 화려하고 아름다운 천으로 장식하기도 합니다. 또한 부활 시기에는 독서대 옆에 부활초를 세워 둡니다. 오래된 성당의 경우에는 제대 외에도 설교를 위해 높은 곳에 따로 '설교대'가 있는 경우도 있습니다.

주례석

미사를 집전하는 주례자(주교나 사제)가 앉는 의자입니다. 주례석 중에서도 특별히 주교가 신자들을 가르치는 자리는 주교좌라고 부릅니다.

감실

감실은 성체를 모셔 두는 장소입니다. 일반적으로 제대 뒤쪽 한편에 안치되어 있는데, 보통 금속이나 나무로 만들며 예술가가 그 겉면을 아름답게 꾸미고는 합니다. 그리고 예쁜 꽃으로 장식하기도 하지요. 감실은 예수님의 현존인 성체를 모셔 두는 곳이기에 그것을 알리기 위해 감실 옆에는 항상 촛불이나 등을 밝혀 두어 신자들이 경배할 수 있도록 합니다.

고해소

고해소는 고해성사를 거행하는 장소로, 나무로 된 거대한 가구의 형태 또는 작은 방들로 구성되기도 합니다. 이곳은 중요하고 아름다운 고해성사에 알맞은 공간으로 만들어지는데, 요즘에는 상담식 고해를 하기 위해 응접실처럼 마련된 고해소도 있습니다.

세례소

세례소는 세례성사를 거행할 수 있도록 마련된 특별한 장소입니다. 세례소에는 세례성사를 위해 필요한 세례수와 부활초가 준비되어 있습니다. 요즘에는 세례소가 있는 성당을 찾아보기 어렵지만 옛날에는 대부분 성당 내부에 원형이나 팔각형 모양의 세례소가 있었습니다.

신자석

신자석은 전례 거행에 참여하는 신자들을 위한 공간입니다. 이 공간은 하나의 넓은 방 또는 기둥으로 구분된 중앙 본재로 되어 있습니다. 몇몇 성당은 양 측면에 도출된 공간, 곧 제단의 양 측면으로 확장한 공간으로 보통 '익랑'(翼廊, transept)이 있습니다.

이 밖에도 우리가 알고 있어야 할 중요한 장소가 더 있습니다. 제단 옆쪽 벽면에는 **주수대**라는 공간이 있습니다. 이곳은 성작, 성합, 주수병(물병과 포도주병), 손 씻는 물, 주수 수건 등 미사 때 필요한 제구나 물품을 미리 준비해 놓아두는 장소입니다. 유럽의 많은 성당에는 제대 뒤쪽에 넓은 반원형 공간인 **후진**後陣이 제단에 있으며, **성가대석**은 예전에 수도원의 수도자들이나 주교좌의 의전 사제들이 기도하고 성가를 부르던 곳으로 현재는 전례에서 성가 봉사를 하는 성가대를 위한 자리입니다. 지하에 경당이니

성당 구조

1. 세례소
2. 마당
3. 정면 출입문
4. 성수대
5. 지하 무덤 경당
6. 신자석
7. 고해소
8. 제대
9. 제단
10. 주례석
11. 제의방
12. 감실
13. 후진
14. 종탑
15. 주수대
16. 독서대
17. 측면 제대

교리실이 마련된 성당도 많이 있습니다. **경당**은 평일에 미사를 봉헌할 때, 특별한 교육이 있을 때, **교리실**은 주일학교 교리 수업이나 성당 단체들의 회합이 있을 때 주로 사용합니다.

옛날에 지은 대성당 중에는 중앙 제대 말고도 **측면 제대**가 설치된 곳이 많습니다. 옛날에는 사제가 혼자 미사를 봉헌하는 규정이 있었기 때문에 그러한 측면 제대가 필요했습니다. 하지만 오늘날에는 여러 사제가 함께 미사를 봉헌할 수 있어서, 측면 제대를 활용하는 일이 거의 없습니다. 그래서 요즘에는 측면 제대를 신자가 개인적으로 기도하거나 주님 만찬 성목요일에서 주님 수난 성금요일 사이에 행하는 수난 감실 조배 시에 사용합니다.

성당 입구 근처에는 성수가 담겨 있는 **성수대**가 있습니다. 신자들은 성당에 들어갈 때, 자신이 받은 세례성사를 기억하는 의미로 손가락에 성수를 찍어 십자 성호를 긋습니다.

마지막으로 **제의방**도 매우 중요한 장소입니다. '제의'라는 말에 드러나듯이, 이곳은 기본적으로 사제의 제의를 비롯하여 미사 거행에 필요한 제구 등 여러 가지 물건을 보관하고 준비하는 장소입니다. 따라서 제의방은 항상 깨끗하게 정돈되어 있어야 하며 이곳에서 소란스럽게 떠들거나 장난을 쳐서는 안 됩니다. 특히 미사 때 복사를 서기 위해 준비하는 사람은 제의방에서 차분한 마음으로 기도하면서 기다려야 합니다.

4. 상징

손동작

하루 동안 자신이 하는 동작을 살펴봅시다. 몇 가지 동작을 반복하고 있을까요? 한번 주변 사람들의 모습을 유심히 관찰해 보시기 바랍니다. 그러면 꽤 많은 동작을 수없이 반복하고 있다는 것을 알 수 있습니다. 또한 우리는 말없이 동작만으로도 서로 대화를 주고받을 수 있습니다. 그리고 동작만 보고도 그 사람이 어떤 상태인지도 알 수 있습니다. 예를 들어 걸어가는 모습만 보아도 그 사람이 바쁜지 아닌지 알 수 있고, 얼굴 표정이나 눈빛만으로 그 사람의 기분이 좋은지 나쁜지 알 수 있습니다.

일상생활뿐 아니라 전례에도 특별한 의미가 있는 동작이 여러 가지 있습니다. 때로는 어떤 뜻으로 그런 동작을 하는지 생각하지도 않고 습관처럼 움직이는 경우가 있는데, 전례에서 하는 동작 하나하나에는 특별한 의미가 담겨 있습니다. 따라서 각 동작의 의미를 잘 알아 두면 기도하는 데 도움이 됩니다. 그럼 이제 전례 중에 하는 손동작부터 하나씩 알아보겠습니다.

십자 성호 긋기

성당에 다니기 시작하면서 가장 먼저 배우는 것이 바로 십자 성호 긋는 법입니다. 십자 성호는 "성부와 성자와 성령의 이름으로. 아멘."이라고 말하면서 오른손으로 이마, 가슴, 왼쪽 어깨, 오른쪽 어깨 순서로 크게 십자가를 긋는 것입니다. 이것은 삼위일체이신 하느님께 신앙을 고백하는 동작입니다. 그리고 우리가 하느님의 이름으로, 하느님을 위해, 하느님 앞에서 신하게 살겠노고 다짐하는 동작이기노 합니다.

기도 손

기도 손은 양손의 손바닥을 가지런히 맞대어 붙이는 것으로 기도를 상징하는 동작입니다. 우리가 하느님께 정성을 다해 기도한다는 것을 외적으로 표현하는 동작이지요.

가슴 치기

우리는 참회 예식에서 고백의 기도를 바칠 때 "제 탓이요, 제 탓이요, 저의 큰 탓이옵니다."라고 하면서 오른손으로 가슴을 칩니다. 이것은 우리의 잘못을 고백하고 뉘우친다는 뜻으로 하는 동작입니다.

양팔을 벌려 들어 올리기

로마 시대에 박해를 받던 그리스도인들은 '카타콤'이라는 지하 공동 묘지에 많이 묻혔으며, 그곳에서 죽은 이들을 위해 예배를 드리기도 했습니다. 카타콤에는 그 당시 벽화가 남아 있는데, 그 벽화에서 양팔을 벌려 들어 올리고 기도하는 이의 모습을 볼 수 있습니다. 토빗기에 나오는 사라도 하느님께 기도할 때 양팔을 벌려 들어 올렸습니다. 이것은 하느님이 계신 하늘을 향해 기도한다는 뜻을 지닌 동작입니다.

악수, 포옹 또는 인사하기

우리는 예수님이 주시는 평화를 서로 나누는 그리스도인입니다. 따라서 평화의 인사를 할 때, 평화를 나눈다는 뜻으로 "평화를 빕니다."라고 말하면서 서로 악수를 합니다. 악수 대신에 고개를 숙여 인사하거나 포옹하기도 합니다. 이때 서로 친교를 나누는 삼위일체 하느님의 사랑이 그리스도인인 우리 안에서 드러나야 합니다.

몸동작

이제 여러분은 작은 손동작 하나로도 많은 것을 표현할 수 있다는 것을 알게 되었습니다. 그런데 우리는 손동작으로만 의사를 표현하는 것이 아닙니다. 갖가지 몸동작으로도 생각을 표현하지요. 전례에서도 마찬가지입니다. 따라서 이제부터는 전례에서 하는 여러 가지 몸동작에 대해 알아보는 시간을 가져 보려 합니다.

행렬

전례에 참석한 신자들 모두 함께하거나 또는 특별한 역할을 맡은 사람들 몇몇이 열을 지어 걸어가는 것을 말합니다. 예를 들어, 미사가 시작될 때 사제와 복사단이 행렬하여 입당하고 봉헌 예식 때 두 사람이 빵과 포도주를 들고 제단 앞으로 걸어 나옵니다. 그리고 신자들은 예물을 봉헌하거나 영성체를 하기 위해 줄지어 나옵니다. 그 밖에도 주님 수난 성지 주일이나 성체 대회가 있을 때 사제와 신자들은 행렬을 짓습니다. 행렬은 큰 가족인 교회가 하느님을 만나러 가는 여정을 의미합니다. 그리고 죄를 지어서 하느님 앞에 나아가기가 부담스럽게 느껴질 때 그러한 마음을 덜어 줍니다.

서 있기

군인들은 상관의 명령에 귀 기울이고 집중하기 위해서 차렷 자세로 서서 상관의 말을 듣습니다. 마찬가지로 미사 시간에 복음이 선포될 때나 기도할 때 서 있는 것은 하느님의 말씀에 귀 기울이고 기도에 집중하기 위한 것입니다. 그리고 서 있는 자세는 주님의 뜻을 실천하기 위해 언제든지 떠날 준비를 갖추고 있음을 상징하기도 합니다.

앉아 있기

앉아 있는 것은 차분한 마음으로 중요한 소식을 기다리거나 편안하게 말씀을 들으려는 자세입니다. 주로 독서 시간과 강론 시간에 이 자세를 취합니다. 그러나 편한 자세라고 졸거나 잠이 들면 안 되겠지요.

머리 숙이기

상대방에게 존경심을 표현하는 전통적인 동작입니다. 따라서 어떤 사람 앞에서 머리를 숙이는 것은 그 사람이 훌륭하고 중요한 인물이라고 말하는 것과 같습니다. 우리는 제대, 십자가, 복음서, 사제 그리고 신자들 앞에서 머리를 숙입니다. 또한 삼위일체이신 하느님을 부를 때, 예수님, 성모님을 부를 때도 경외심을 표현하기 위해 머리를 숙입니다. 같은 이유로 사도신경을 외울 때도 "성령으로 인하여 동정 마리아께 잉태되어 나시고"라는 대목에서 머리를 숙입니다.

오른쪽 무릎 꿇기

외국 사람들은 성당에 들어갈 때, 제대나 감실 앞에 설 때, 왼쪽 무릎은 반무릎을 꿇고 오른쪽 무릎은 완전히 꿇은 모습으로 인사를 합니다. 이는 미사 때 제대 또는 감실에 실재하시는 예수님을 향한 경외심을 표현하는 동작입니다.

그러나 우리나라에서는 이 동작 대신 허리를 숙여 깊은 절을 합니다.

양쪽 무릎 꿇기

이 동작은 성모님과 성인들이 행했듯이 하느님의 영광과 권능에 깊은 경외심을 표현하는 동작입니다. 특히 교회는 성찬 전례에서 축성을 하는 동안과 성체 강복을 할 때 무릎 꿇기를 권합니다.

엎드리기

몸과 얼굴을 안전히 땅에 엎느린 자세는 졸기 위함이 아니라 하느님의 도움이 필요한 우리의 나약함의 표징으로, 매우 강한 의미를 드러내는 전통적인 동작입니다. 특히 사제 서품 때나 종신 서원 때는 사제와 수도자가 하느님 앞에 자신을 온전히 봉헌한다는 의미로 엎드리는 자세를 취합니다. 이 밖에도 주님 수난 성금요일에 거행하는 주님 수난 예식 때에도 사제는 입당하자마자 제대 앞에 엎드립니다. 여기에는 비천한 우리를 구원하시기 위해 수난하신 주님의 죽음을 묵상하는 의미가 있습니다

침묵

아무 말 없이 침묵하는 것은 어른, 아이 모두에게 어려운 일이지만, 전례에서는 매우 중요합니다. 침묵하지 않는다면 사제의 기도와 강론을 어떻게 들을 수 있을까요? 그리고 우리가 조용한 자세로 귀를 기울이지 않는다면 성경을 통해 우리에게 말씀하시는 예수님의 목소리를 어떻게 들을 수 있을까요? 이와 같이 침묵 중에 예수님의 말씀, 사제의 기도와 강론에 귀를 기울이는 것은 매우 중요합니다.

사제의 동작

제대에서 미사를 봉헌하는 사제도 기도할 때나 복음을 선포할 때 여러 가지 특별한 동작을 합니다. 그러면 여기서는 과연 어떤 동작을 하는지 그리고 그 동작의 의미는 무엇인지 한번 살펴보겠습니다.

인사

미사를 봉헌하기 위해 입당한 사제는 십자 성호를 그은 다음 신자들을 향해 양팔을 벌리면서 "주님께서 여러분과 함께." 하고 인사합니다. 이것은 우리가 다른 사람들과 나누는 인사와는 차원이 다릅니다. 바로 우리와 함께하시는 하느님의 이름으로 나누는 인사이기 때문입니다.

강복

일반적으로 미사를 비롯한 대부분의 전례는 사제의 강복으로 마무리됩니다. 사세는 신자들을 향해 크게 십자가를 그으면서 "전능하신 천주 성부와 성자와 성령께서는 여기 모인 모든 이에게 강복하소서."라는 말로 강복합니다. 이러한 강복은 하느님의 보호와 은총을 신자들에게 전하는 행위입니다.

성수 뿌리기

사제가 성수채에 성수를 찍어 뿌리는 동작은 우리가 세례를 받고 새 생명을 얻었음을 기억하기 위한 것입니다. 또한 우리가 나약한 존재고, 우리의 죄에 대한 용서를 청해야 함을 기억하기 위한 것이기도 합니다.

안수

사람의 머리나 사물 위에 손바닥을 아래로 향하고 두 손을 펼쳐 기도하는 동작입니다. 이것은 성령이 그 사람이나 사물 위에 내려와 머물기를 청하는 매우 중요한 동작입니다. 예를 들어 서품식에서는 성령의 힘으로 사세나 부제 후보자를 축성하기 위해 안수를 합니다. 미사 때에는 빵과 포도주를 성체와 성혈로 축성하기 위해 성령을 청하며 예물 위에 안수를 합니다. 또한 견진성사와 고해성사에서도 이 동작을 통해서 성령의 은사를 청합니다.

기름 바르기

기름을 바르는 동작은 하느님께 온전히 속하고 축성되었음을 드러내는 표징입니다. 세례성사, 견진성사, 성품성사, 병자성사 때에는 사람에게 기름을 바르고, 성전 봉헌식 때에는 제대와 성당 기둥에 기름을 바릅니다.

발 씻어 주기

주님 만찬 성목요일 미사 때에 사제는 신자들의 발을 씻어 줍니다. 이것은 예수님이 마지막 만찬 때에 제자들의 발을 씻어 주신 것을 기념하기 위한 것입니다. 이 동작은 봉사와 겸손을 의미합니다.

이 밖에도 미사 때 사제가 하는 특징적인 동작들이 더 있습니다. 미사를 봉헌하기 위해 입당한 사제는 가장 먼저 제대를 향해 허리를 숙여 인사하거나 제대에 입을 맞춥니다. 제대는 그리스도를 상징하기 때문에 이것은 그리스도께 경외심을 표현하는 행위입니다. 그리고 예물 봉헌 때에는 사제가 포도주에 물을 섞는 모습을 볼 수 있습니다. 이것은 우리를 위해 사람이 되어 오신 예수님과 우리가 하나 되었음을 상징하는 것입니다. 예물 봉헌 시간 끝에 사제는 물그릇에 손을 씻습니다. 이것은 단지 분향을 하거나 예물을 받으면서 손이 더러워져 깨끗하게 하려는 것만이 아니라 성체와 성혈을 축성하기 전에 본인의 마음을 정화하기 위한 상징적인 동작입니다. 영성체 예식에서 사제는, 예수님이 마지막 만찬 때에 하신 것처럼, 성체를 두 조각으로 쪼갭니다. 이것은 나눔을 통해 하느님과 일치하는 교회 공동체를 드러내는 상징입니다. 사제는 쪼갠 성체의 한쪽 끝을 잘라 성혈로 축성된 포도주에 넣습니다. 이것은 사제가 교황과 한마음으로 일치하고 있음을 기억하고, 영원히 예수님과 하나 되고 싶은 바람을 표현하는 상징적인 동작입니다.

전례에서 사용하는 상징: 자연물

'상징'이란 추상적인 개념이나 사물을 쉽게 표현하거나 가리키려고 사용하는 구체적인 사물, 기호, 표지입니다. 예를 들어 무지개는 비가 그쳤다는 것을 가리키는 상징이고, 비둘기는 평화를 나타내는 상징입니다. 또 왼손 약지 손가락에 낀 반지는 약혼이나 결혼을 의미합니다. 우리는 이러한 상징들을 통해서 훨씬 더 깊고 풍부한 의미를 담아냅니다.

교회에도 다양하고 많은 상징이 있습니다. 그 가운데 전례에서 사용하는 중요한 상징들을 알아보겠습니다. 먼저 하느님이 만들어 주신 자연물을 상징으로 사용하는 경우를 살펴보겠습니다.

빛

어둡고 익숙하지 않은 방에 들어가면 움직이기가 어렵습니다. 그런데 그때 빛이 들어오면 방에 있는 물건들의 형태와 색이 비로소 잘 보입니다. 전례에서 빛은 물질적인 것과 영적인 것을 볼 수 있게 해 주는 하느님의 은총과 우리의 신앙을 상징합니다. 또한 빛은 그리스도를 상징합니다. 그분은 떠오르는 태양처럼 부활하시어 그분을 믿는 사람들 모두를 비추는 빛이시기 때문입니다. 그렇기에 빛은 매우 중요합니다. 성체등, 초, 부활초, 유리창을 생각해 보세요. 태양 빛이 아름다운 색으로 된 유리창을 지나면 바닥과 벽이 다양한 색으로 빛납니다. 이런 까닭에 이른 아침에 미사를 드리는 동안 그리스도의 빛처럼 떠오른 태양이 모두를 비출 수 있도록 초기 성당들은 동쪽을 향해 지어졌습니다.

불

불은 빛과 연결된 것으로 성령을 상징합니다. 불은 주위를 밝게 비추고, 따뜻하게 해 주며, 사물을 태울 뿐만 아니라 정화하는 힘도 가지고 있습니다. 이런 까닭에 우리의 나약한 마음을 굳세게 해 주시고, 사랑의 열정이 타오르게 해 주시며, 우리의 영혼을 깨끗이 씻어 주시는 성령을 상징하는 것입니다.

물

물은 가장 풍부한 의미를 지닌 상징입니다. 무엇보다도 물은 더러운 것을 씻는 데 필요합니다. 따라서 물은 죄의 용서와 영혼의 정화를 나타내는 상징입니다. 그리고 물은 생명을 풍요롭게 합니다. 동물이든 식물이든 물이 없으면 살 수 없습니다. 그래서 물은 특별히 세례를 통해 얻은 새 생명을 상징합니다. 또한 물은 목마름을 해소해 줍니다. 그래서 영혼의 목마름을 해소해 주는 살아 있는 생명의 물이신 그리스도를 상징하기도 합니다. 그리고 미사 때 사제는 소량의 물을 포도주에 섞는데, 이때 포도주는 예수님의 신성을 상징하고 물은 우리의 인성을 상징합니다. 따라서 포도주에 섞인 물은 예수님의 신성과 하나 된 우리의 인성을 나타냅니다.

바위

예수님은 모래 위에 집을 짓는 어리석은 사람이 되지 말고 바위 위에 집을 짓는 슬기로운 사람이 되라고 말씀하셨습니다. 바위는 튼튼한 기초이기 때문입니다. 여기서 바위 위에 집을 짓는 사람은 예수님의 말씀을 잘 듣고 실천하는 사람을 가리킵니다. 그리고 예수님은 우리가 의지하고 기댈 수 있는 가장 튼튼한 바위이십니다. 이러한 의미에서 예수님을 상징하는 제대는 큰 바위를 다듬어서 만들기도 합니다. 또한 옛날에는 성당을 지을 때 바위를 재료로 많이 사용했습니다. 일반적으로 성당 또는 예배 장소를 만들 때에는 질과 색, 단단함이 좋은 바위를 선호합니다. 또한 성당의 몇몇 부분 또는 성상과 전례 거행에 필요한 도구들을 장식하기 위하여 보석을 사용합니다. 주님은 가장 아름다운 것들을 받을 만한 분이시기 때문입니다.

금

바위나 큰 돌을 깎고 다듬어 물건을 만드는 것보다 금속을 재료로 하는 것이 훨씬 작업하기 쉽습니다. 그래서 예술가들은 성당을 꾸미는 장식이나 물건을 만드는 데 금속을 많이 사용했습니다. 금속 가운데 가장 유용한 것은 바로 금입니다. 금은 녹슬거나 삭지 않고 항상 반짝이는 빛을 냅니다. 그러므로 금은 영원히 변하지 않으시는 하느님을 위해 사용할 성물이나 장식을 만드는 데 적합합니다.

꽃

예쁜 꽃과 나무로 장식된 성당은 참으로 아름답습니다. 특히 제대와 독서대와 감실 앞에 갖가지 예쁜 꽃과 나무가 장식되어 있으면 마치 에덴 동산이나 예수님이 부활하신 곳에 와 있는 듯한 느낌을 줍니다. 어떤 사람들은 며칠 지나면 시들어 버리는 꽃과 나무로 장식하는 것을 낭

비라고 생각하여 조화를 사용하거나 아무런 장식도 하지 않으려 합니다. 물론 너무 값비싼 꽃과 나무를 사용하는 것은 피해야 하겠지만, 예수님을 위해 예쁘고 아름다운 꽃과 나무로 제대, 독서대, 감실을 장식하는 것은 우리의 정성이자 마음입니다. 그리고 조화보다는 생화를 사용하는 것이, 예수님과 우리 사이의 생생한 관계를 나타내는 데 알맞습니다. 하지만 예수님의 수난을 기념하는 사순 시기에는 일반적으로 꽃 장식을 하지 않습니다.

나뭇가지

주님 수난 성지 주일에는 성당 마당에서 '성지'라고 하는 나뭇가지를 들고 성당 안으로 입장합니다. 보통 종려나무나 올리브나무의 가지를 사용하는데, 이는 예수님이 에루살렘에 들어가실 때 사람들이 환호와 기쁨의 의미로 나뭇가지를 흔들었던 것을 기념하기 위한 것입니다.

전례에서 사용하는 상징: 사람이 만든 물건

하느님이 만드신 자연물이 지닌 상징을 알아보았습니다. 이번에는 사람이 만든 물건이 지닌 상징을 알아보겠습니다.

빵과 포도주

예수님은 우리에게 당신의 살과 피를 생명의 양식으로 선물하기 위해 빵과 포도주라는 두 재료를 선택하셨습니다. 미사 때 사제가 축성한 빵과 포도주는 영원한 생명의 양식인 예수님의 살과 피입니다. 빵과 포도주에는 매우 풍성한 의미가 있습니다.

빵은 그 당시 사람들이 살아가는 데 꼭 필요한 양식이었습니다. 빵은 힘을 주는 음식이었고, 포도주는 기쁨을 표현하는 음료였습니다. 이러한 빵과 포도주는 모두 사람들이 농사지어 얻은 것입니다. 농부들이 추수한 수많은 밀알을 모으고 빻아서 빵 하나를 만들고, 수많은 포도알을 으깨고 발효시켜 포도주 한 잔을 만듭니다. 마찬가지로 성령은 수많은 그리스도인을 하나로 모아 예수님과 한 몸을 이루게 하십니다. 우리가 미사 때 보는 제병(성체성사에서 사용하는 둥근 빵)은 집에서 먹는 빵과 모양이 다릅니다. 유대인 전통에 따라 누룩을 넣지 않고 반죽한 밀가루로 작고 둥글게 만들기 때문입니다. 그러나 이 제병도 앞에서 설명한 빵과 의미가 다르지 않습니다.

기름

일반적으로 전례에서 사용하는 기름은 올리브 열매를 짜서 얻는 올리브기름입니다. 요즘에는 올리브기름을 주로 음식을 만드는 데 사용하지만 예수님이 사시던 시대에는 화장품처럼 몸에 바르는 데에도 사용했습니다. 특히 임금, 예언자, 대사제를 선발할 때에는 하느님이 특별히 선택하신 사람으로 하느님을 위해 살아야 한다는 것을 드러내려고 머리에 이 기름을 부었지요. 성경에도 이러한 예식이 자주 나옵니다. 게다가 우리가 잘 알고 있는 '그리스도'라는 말도 본래는 '기름부음받은 이'라는 뜻을 지닌 그리스어 '크리스토스'에서 유래한 것입니다. 이처럼 전례에서 사용하는 기름은 대체로 은총을 주시는 성령을 상징합니다. 성령께서 축성의 은총을 주시는 성사는 세례성사, 견진성사, 성품성사이고, 보호의 은총을 주시는 성사는 세례성사이며, 치유의 은총을 주시는 성사는 병자성사입니다.

소금

음식을 맛있게 먹기 위해 꼭 필요한 것 가운데 하나가 소금입니다. 소금은 음식의 맛을 살리는 역할을 하기 때문입니다. 예수님은 우리가 믿음을 증거하려면 '세상의 소금'이 되어야 한다고 말씀하셨습니다. 곧 소금은 예수님의 가르침대로 이웃을 사랑하고 선한 일을 많이 하여 세상에 꼭 필요한 사람이 되라는 의미를 지니고 있습니다. 또한 구약 시대의 엘리사 예언자는 소금으로 더러운 물을 깨끗하게 만들었습니다. 게다가 소금은 음식이 부패하는 것을 막아 주는 역할도 합니다. 그래서 소금은 '치유', '보조', '되살림' 등을 상징합니다. 이러한 의미가 있기에 성수를 축성하는 데 소금을 사용합니다

재

재는 불에 타고 남은 가루입니다. 재는 어떤 사물이 다 타고 남은 것이기 때문에, 비천함과 회개를 상징합니다. 이러한 이유에서 성경 시대에는 죄를 뉘우치고 하느님께 용서를 청할 때 머리에 재를 뒤집어쓰는 관습이 있었습니다. 오늘날에도 이와 비슷한 관습이 전례 안에 남아 있습니다. 재의 수요일에 사제는 신자들의 머리에 재를 얹어 주는 예식을 합니다. 이것은 우리가 주님 앞에서 재와 같은 비천한 존재임을 고백하면서 회개를 약속하는 행위입니다.

향

고대 시대부터 사람들은 유향나무에서 수액을 채취하여 향을 만들었습니다. 향로에 숯불을 넣고 그 위에 향을 놓으면 진한 향기가 나는 흰 연기가 피어오릅니다. 하느님의 성전에서 또는 임금님 앞에서 향을 피우는 것은 경외심을 표현하는 것입니다. 그리고 하늘로 피어오르는 향기 좋은 연기는 하느님께 올리는 기도를 상징합니다. 이런 이유로 온 세상의 임금으로 오신 하느님의 아드님이 베들레헴에서 태어나셨을 때, 동방박사들은 아기 예수님을 경배하기 위해 유향을 선물로 가져왔습니다.

종소리

성당의 종탑에서 울려 퍼지는 종소리는 신자들에게 미사와 기도 시간을 알리는 동시에 사람들을 성당으로 초대하는 교회의 목소리입니다. 전통적으로 성당은 삼종 기도 시간, 미사 시간 전후에 종을 쳐서 기도 시간을 신자들에게 알렸습니다. 이러한 종소리는 하느님을 찬미하고 기도하라고 우리를 인도합니다.

성상과 성화

성당이나 집에 모신 예수님상이나 성모상 등을 '성상', 그분들의 초상화나 성경에 나오는 이야기를 묘사한 그림을 '성화'라고 합니다. 우리는 성상과 성화를 보면서 하느님, 예수님, 성모님, 성인들과 성경의 이야기들을 배울 수 있습니다.

그런데 예수님이 오시기 전에는 하느님을 형상으로 만들거나 그리는 것이 엄격하게 금지되어 있었습니다. 하느님은 눈에 보이지 않는 분이시기에, 그분을 보이는 형상으로 만들거나 그리는 것은 우상을 만드는 것이나 다름없다고 생각했습니다. 하지만 하느님의 아드님이 우리와 똑같은 사람이 되어 오셨기 때문에, 그다음부터는 예수님의 형상을 만들거나 초상화를 그리는 데 아무런 문제가 없습니다.

그러나 꼭 기억해야 할 점은 예수님상, 성모상, 그리고 다른 성인상 모두 하나의 상징이라는 점입니다. 예수님상은 예수님을, 성모상은 성모님을 가리키는 것이지 그 상 자체가 예수님, 성모님인 것은 아닙니다. 따라서 예수님상 앞에서 인사하고 기도하는 것은 그 상이 가리키는 예수님께 인사하고 기도하는 것이지, 결코 그 상 자체를 예수님이라고 믿으며 기도하는 것이 아닙니다.

전례에서 사용하는 상징: 색깔

색깔도 깊은 의미를 지닌 상징입니다. 예를 들어 미사 때 사제가 착용하는 제의는 시기에 따라 색깔이 달라집니다. 그리고 축일이나 미사 지향에 따라서도 제의 색깔이 달라집니다. 따라서 우리는 사제의 제의가 어떤 색인지를 보기만 해도 지금이 어떤 시기인지, 어떤 분위기의 전례가 거행되는지 쉽게 알 수 있습니다. 전례에서 가장 많이 사용하는 기본 색깔은 흰색, 붉은색, 녹색, 보라색입니다.

흰색

흰색은 기쁨, 영광, 승리, 아름다움, 정결을 상징하는 색깔입니다. 따라서 흰색은 하느님과 관련된 축일, 특히 주님 성탄 대축일과 주님 부활 대축일, 그리고 성모님과 관련된 축일과 순교자가 아닌 성인들의 축일에 사용합니다.

붉은색

붉은색은 뜨거운 사랑과 열정을 상징합니다. 특히 피 색깔과 같기 때문에, 순교한 이들의 믿음을 상징합니다. 그리고 붉은색은 불의 색깔입니다. 따라서 불꽃 모양의 혀처럼 사도들 위에 내려오신 성령을 상징하기도 합니다. 이러한 맥락에서 붉은색은 주님의 수난과 관련된 축일, 성령 강림 대축일, 사랑과 열정으로 목숨을 바쳐 복음을 선포한 사도들과 복음사가들 그리고 순교자들의 축일에 사용합니다.

녹색

겨울이 지나고 봄이 오면 산과 들에 녹색을 띤 새싹들이 돋아납니다. 따라서 녹색은 봄, 새 생명, 희망을 상징하는 색깔입니다. 교회는 이 녹색을 연중 시기를 상징하는 색깔로 선택했습니다. 연중 시기는 성탄 시기와 부활 시기를 기다리고 준비하는 희망의 시기이기 때문입니다. 따라서 녹색은 특별한 축일이 아닌 연중 시기에 사용합니다.

보라색

보라색은 속죄와 회개를 상징하는 색깔입니다. 그리고 세상 만물을 다스리시는 하느님께 깊은 믿음과 신뢰를 두고 하늘나라가 빨리 오기를 기다리는 희망을 상싱하는 색깔이기도 합니다. 따라서 보라색은 대림 시기와 사순 시기에 사용합니다.

이 네 가지 색깔 외에도 금색, 장미색, 검정색, 하늘색도 전례에서 사용합니다. **금색**은 기본적으로 흰색과 같은 의미를 지녔지만, 보다 더 밝고 빛나는 색깔이기에 더 큰 기쁨과 영광을 상징합니다. 따라서 주로 대축일이나 장엄 미사에 사용합니다. **장미색**은 기쁨과 기다림을 상징하는데, 대림 제3주일과 사순 제4주일에 사용합니다. **검정색**은 슬픔과 고통을 상징하기 때문에, 죽은 모든 이를 기억하는 위령의 날과 장례 미사 때 사용합니다. **하늘색**은 전통적으로 하늘의 여왕이신 성모님의 옷 색깔을 뜻하기 때문에 '원죄 없이 잉태되신 동정 마리아 대축일'에 사용합니다.

5. 전례주년, 전례 거행, 전례서

주일과 성인 축일

일반적으로 그리스도인(적어도 본인이 그리스도인임을 기억하는 신자)은 '주님의 날'인 주일에 미사를 드리고 주일을 함께 축제로 지내기 위해서 모입니다.

초기 그리스도인들은 이날을 주간 파스카로 생각했습니다. 왜냐하면 예수님이 유다인의 축제일인 안식일 다음 첫날에 부활하셨기 때문입니다. 그래서 많은 언어권(프랑스, 이탈리아, 스페인, 포르투갈 등)에서는 이날을 주님과 연관된 이름으로 부릅니다.

그리스도인들에게 주일은 주간 첫날이고, 그리스도의 부활에 참여하는 날이며, 다가올 한 주간을 살아가도록 힘을 주는 성체를 영하는 날입니다. 박해를 받던 시기에 많은 그리스도인은 죽음의 위험을 무릅쓰며 주일 미사에 참여했습니다.

또한 그리스도인은 성당의 수호성인 축일을 지내기 위해서나 특별히 신심을 돈독하게 하기 위해 기쁘게 모입니다. 사실, 성모

마리아, 천사들, 사도들, 순교자들과 다른 성인들의 축일을 교회는 일년이라는 시간에 배치하여 기념합니다. 이 축일들은 단순히 소란스럽게 떠들기 위해서나 어떤 특별한 것을 먹기 위해서 있는 것이 아닙니다. 이 축일들은 예수님을 사랑하고 그분을 몸소 증거한 사람들을 그에 합당하게 공경하기 위한 것입니다.

성모 마리아는 예수님의 어머니로서 첫자리를 차지합니다. 교회는 그분을 위해 대축일과 여러 축일들을 마련했습니다. 천주의 성모 마리아 대축일(1월 1일), 주님 탄생 예고 대축일(3월 25일), 성모 승천 대축일(8월 15일), 원죄 없이 잉태되신 동정 마리아 대축일(12월 8일)과 같은 축일들이 대표적이지요.

사도들은 탁월한 위치를 부여받았습니다. 왜냐하면 그들을 바탕으로 예수님이 그분의 교회를 세우기를 원하셨기 때문입니다. 이들은 얼마나 아름다운 기둥들입니까! 교회는 그들 가운데 특별하게 사도들의 으뜸인 베드로 사도와 이방인의 사도인 바오로 사도를 대축일(6월 29일)로 기억합니다.

순교자들은 초기 교회부터 성모 마리아와 사도들과 더불어 존중받아 온 첫 사람들입니다. 왜냐하면 그들은 그리스도를 증거하기 위해 어려움에 직면했을 때 생명을 바치는 것을 두려워하지 않았기 때문입니다. 우리는 스테파노 성인(12월 26일)을 지금도 교회를 지탱하는 용기 있는 순교자들 중에 첫 번째 순교자로 기억합니다. 하지만 예수님의 친척이자 선구자이며 '여인에게서 태어난 사람들 중에서 가장 위대한 사람'인 요한 세례자(6월 24일)도 잊지 않습니다. 그는 진리를 수호하기 위해서 자신의 생명을 바쳤습니다.

우리는 성인들 가운데 하느님께 자신의 삶을 봉헌한 동정녀와 수도자, 하느님이 부르신 백성을 인도하고 보호한 사목자도 기억합니다. 교회 박사와 사랑의 성인들도 영과 육으로 도움이 필요한 형제들 안에서 주님께 봉사했습니다.

전례주년과 전례 시기들

별들은 하늘에 있을 때 빛이 나고, 귀중한 석재도 건물의 기둥을 이룰 때 광채가 나듯이, 축일과 전례 거행은 굉장히 아름답고 거대한 계획 안에 배치될 때 빛이 납니다. 전례주년은 그리스도인들이 축일과 전례 거행에 주의를 기울이도록 합니다. 교회는 하느님을 만나기 위한 여정 가운데 있으며, 예수님이 우리에게 주셨던 것처럼 하느님의 신비를 매년 전개합니다.

초기 그리스도인들은 자주 모여서 그들의 목자인 예수님의 죽음과 부활의 위대한 신비를 기념하면서 매년 파스카 축제를 장엄하게 지내는 관습이 있었습니다. 파스카는 오늘날에도 그리스도인들에게 가장 중요하고 큰 축제입니다. 왜냐하면 그것이 우리의 구원을 완성에 이르게 하기 때문입니다.

몇 세기가 지난 후, 그리스도인들은 예수님의 탄생을 기억하기 위한 아름다운 축제를 행하기 시작했습니다. 하느님이신 성자 예수 그리스도께서 인간에 대한 사랑과 인류 구원을 위해 성모님의 태중으로 육화하신 사건을 기념하여 주님 성탄 대축일을 장엄하게 축하하기 시작한 것입니다.

이후, 파스카와 주님 성탄 대축일을 두 축으로 하여, 그것을 준비하고, 그리스도교적 한 해를 풍성하게 하며, 예수님과 그분 신비의 아름다움을 재발견하도록 신자들을 돕는 감사의 시기들이 점진적으로 발전하였습니다. 그렇다면 여기서 전례주년이 어떻게 구성되는지 함께 살펴봅시다.

대림 시기

교회의 전례주년은 대림 시기로 시작합니다. 예수님의 '오심'(라틴어, 아드벤투스adventus)에 초점을 맞추면서 시작하는 것입니다. 무엇보다 먼저 예수님이 세상 종말에 최후 심판을 위해서 산 이와 죽은 이를 모두 모으시는 영광스러운 오심을 기억하고, 그다음으로 과거에 베들레헴에서 있었던, 이스라엘 백성이 기다려 온 구세주가 마리아에게서 잉태되어 이 세상에 겸손되이 오심을 기억합니다. 이 시기의 첫 부분에서는 예수님의 영광스러운 오심을 기억하고 12월 17일부터 24일 저녁까지는 예수님의 육화에 초점을 맞춥니다.

대림 시기는 성탄 전 네 주간으로 구성되어 있습니다. 이는 장엄한 축제를 기도와 침묵 안에서 영적으로 준비하는 시기로 마리아, 요셉 성인과 즈카르야, 엘리사벳 그리고 메시아를 특별한 방식으로 기다려 온 모든 사람들과 함께하는 시기이기도 합니다. 이 시기의 특징적인 색은 통회와 신뢰 있는 기다림의 표지인 보라색입니다. 반면에 대림 제3주일(기쁨의 주일 또는 가우데테Gaudete 주일, 가우데테는 라틴어로 '기뻐하여라'라는 의미)에는 성탄의 기쁨을 미리 맛보라는 의미로 장미색을 사용합니다.

성탄 시기

이 시기는 주님 성탄 대축일 전야 미사로 시작하고 주님 세례 축일(주님 공현 대축일 다음 주일)로 마감합니다. 이 시기는 가장 짧은 전례 시기이지만 성탄이나 성인들과 연관된 축제들이 여럿 있습니다.

다. 주님 성탄 대축일에는 서로 다른 주제로 전야 · 밤 · 새벽 · 낮 미사가 열려 미사가 4번 있습니다. 그리고 이어지는 주일에는 어린 예수님을 받아들이고 보호하며 성장하게 한 예수, 마리아, 요셉의 성가정 축일을 지냅니다. 성탄의 장엄한 팔일 축제는 성탄 8일 후(1월 1일)에 예수님의 할례를 기억하며, 천주의 성모 마리아 대축일을 지내면서 마칩니다. 그러나 성탄 시기는 예수님의 육화와 어린 시절을 묵상하면서 계속됩니다.

다른 중요한 대축일은 주님 공현(공적으로 드러남) 대축일로서 베들레헴에 찾아온 동방 박사들의 방문으로 시작하여 사람에게 자신을 드러내신 예수님에 관한 모든 장면들을 전례에서 거행합니다. 성탄 시기 이외의 시기이지만 성탄에 속하는 축일은 성전에 예수님을 봉헌하는 주님 봉헌 축일(2월 2일)입니다. 이 사건은 역사적으로 예수님이 탄생하신 지 40일 후에 일어난 일입니다. 성탄 시기의 특징적인 색깔은 그리스도로부터 유래하여 세상으로 전해지는 빛과 환희의 표지인 흰색입니다.

사순 시기

재의 수요일부터 주님 만찬 성목요일 오전까지 사십 일(주일은 제외)을 사순 시기라고 합니다. 사십이라는 숫자는 홍수가 나도록 비가 내린 날수(창세 7,12 참조), 이스라엘이 광야에서 떠돌아다닌 햇

수(민수 32,13 참조), 엘리야가 호렙 산까지 걸어서 간 날수(1열왕 19,8 참조), 예수님이 광야에서 사탄에게 유혹을 받으신 날수(마르 1,13 참조) 등에 나타납니다. 이와 같은 맥락에서, 사순 시기의 사십 일은 자신이 받은 세례를 재성찰하고, 고해성사를 통하여 주님의 용서를 깨달으면서, 단식과 기도, 구체적인 자선을 행함으로 그 의미를 드러냅니다. 그래서 사순 시기에는 우리를 깊은 회개로 이끌어 달라고 주님께 꾸준히 청하면서 이 주제들에 대하여 묵상합니다. 사순 시기에 교회는 '알렐루야'와 '대영광송'을 금하며 악기의 사용을 제한하고 제대에 꽃 장식을 하지 않습니다.

우리를 구원하시기 위해 예수님이 십자가에서 돌아가신 신비를 깊게 묵상하는 성주간에서 사순 시기는 정점에 다다릅니다. 성주간은 지상에서의 예수님의 마지막 날들을 기억하는 주간으로 주님 수난 성지 주일로 시작합니다. 성주간은 전례주년의 중심이기도 한 성삼일에 절정에 이르는데, 성삼일은 주님 만찬 성목요일 저녁 미사로 시작하여 파스카 성야 때 그 절정에 이르며, 주님 부활 대축일 저녁 기도로 끝납니다. 성삼일에 해당하는 주님 수난 성금요일에는 예수님의 수난과 죽음을 기념하는 전례가 진행되며, 성토요일에는 예수 그리스도의 죽으심과 무덤에 계심을 기념하여 성사를 거행하지 않지만 해가 저물어 성토요일과 부활 주일 사이의 밤 동안에는 성대한 파스카 성야 예식이 열립니다. 이때 모든 전례는 밤중에 이루어져야 하므로 해가 지기 전에 시작해서는 안되며 다음 날이 밝기 전에 마쳐야 합니다.

　사순 시기의 특징적인 색깔은 대림 시기와 마찬가지로 보라색이며, 제4주일(레타레Laetare 주일, 레타레는 라틴어로 '즐거워하여라'라는 의미)에는 장미색을 사용하고, 예수님의 수난을 기억하는 날들(주님 수난 성지 주일과 주님 수난 성금요일)에는 붉은색을 사용합니다.

부활 시기

　이 시기는 파스카 성야에서 시작하는 오십 일 동안의 기간으로 기쁨과 빛이 폭발하는 시기입니다. 주님 부활 대축일 또한 주님 성탄 대축일과 마찬가지로 팔일 축제를 통해 축하합니다. 큰 기쁨의 시기인 이 시기 동안 새롭게 '알렐루야'가 노래되고, 악기 사용이 허용되며, 제대를 꽃으로 화려하게 꾸미고, 제단 위에 큰 초를 켜 놓습니다. 부활하신 그리스도가 모든 것을 새롭게 하셨음을 깨닫는 시기이기에 교회는 부활 시기 동안 구약을 피하면서 신약, 특히 요한 복음을 읽습니다.

복음에 따라 부활로부터 사십 일이 지나면, 교회는 예수님의 승천을 기념하고 세상에 복음을 선포하기 위하여 떠나라는 예수님의 부르심을 기억합니다. 많은 나라에서 이날은 일하는 날이기에 그다음에 오는 주일에 주님 승천 대축일을 지냅니다. 그리고 주님 부활 대축일 후 오십 일째 되는 날에는 예수님이 약속하신 성령이 사도들과 성모 마리아에게 내려오심을 기념하며 성령 강림 대축일을 지냅니다. 이 성령 강림 대축일이 부활 시기의 마침표가 되지요.

　부활 시기의 특징적 색깔은 흰색입니다. 반면에 성령 강림 대축일에는 성령의 불을 상징하는 붉은색을 사용합니다.

연중 시기

　전례주년의 모든 날은 앞서 말한 네 시기가 중심이 됩니다. 그러나 한 해의 가장 긴 시기는 연중 시기로 구성되는데, 이는 이

시기가 평범한 일상생활에 흩어져 있는 예수님의 신비를 찾는 시기이기 때문입니다. 이 시기는 성탄 시기 다음에 바로 시작하고 사순 시기에 중단되었다가 성령 강림 대축일 이후에 다시 시작하여 온 누리의 임금이신 우리 주 예수 그리스도 왕 대축일(대림 시기 전 주일)에 끝납니다. 이 시기 동안 교회는 그리스도 신앙의 신비를 심화합니다. 성령 강림 직후에는 바로 예수님과 연결된 이념 축일들이 있습니다. 지극히 거룩하신 삼위일체 대축일, 지극히 거룩하신 그리스도의 성체 성혈 대축일, 지극히 거룩하신 예수 성심 대축일 등이 그것입니다. 또한 성인들의 축일과 기념일 등이 있으며 이는 모든 성인 대축일(11월 1일)에 절정을 이룹니다. 이러한 축일들을 제외한 연중 시기의 전형적인 색깔은 녹색입니다.

교회에서는 예수님, 성모님, 천사와 성인들을 기억하면서 전례를 거행할 때 조금씩 다른 방식을 사용합니다. 그중 가장 중요한 의미를 지닌 날이며 크고 장엄한 전례를 거행하는 날은 **대축일**입니다. 대부분 하느님, 예수 그리스도, 성령의 신비를 묵상하고 기도하는 날이 대축일이며 천사와 성모님과 관련된 날도 있습니다. 그리고 대축일보다는 중요도가 약하고, 간소한 전례를 거행하는 날은 **축일**이고, 그다음 단계에 해당하는 날은 **기념일**입니다. 축일은 대부분 성모님과 사도들을 기억하면서 기도하는 날이고 기념일은 대부분 성인·성녀를 기억하면서 기도하는 날입니다. 기념일은 미사 중에 반드시 기억하고 기도해야 할 '의무 기념일'과 자유롭게 선택할 수 있는 '자유 기념일'로 구분됩니다. 이렇게 다른 형태로 축일을 지내는 것은 성인들에 대한 선호나 경합의 정도를 드러내는 것이 아니라 단지 교회에서 축제를 좀 더 성대하게 지내거나 좀 더 단순하게 지내는 정도의 차이입니다.

전례 거행

전례 거행이라는 표현을 이미 여러 번 들어보셨을 것입니다. 이제 전례 거행에 대해 좀 더 깊이 있게 살펴보겠습니다.

무엇보다 먼저, 전례 거행이 어떤 '예절'을 말하는 것이라고 생각해서는 안 됩니다. 곧 전례 거행은 외적인 어떤 것이 아니라 공적으로 우리가 행해야 하는 것을 의미합니다. 전례 거행은 공동체적 행위로서 하나인 가족 모두가 함께 예수님을 찬미하고 감사드리며 흠숭하는 것입니다. 그래서 전례 거행은 한 사람 한 사람 모두가 함께 훌륭한 기도를 하도록 하는 것, 곧 모임과 모든 사람들이 관련된 것이어야 합니다.

성사와 준성사

교회가 거행하는 전례 중에서 가장 중요한 것은 성사입니다.

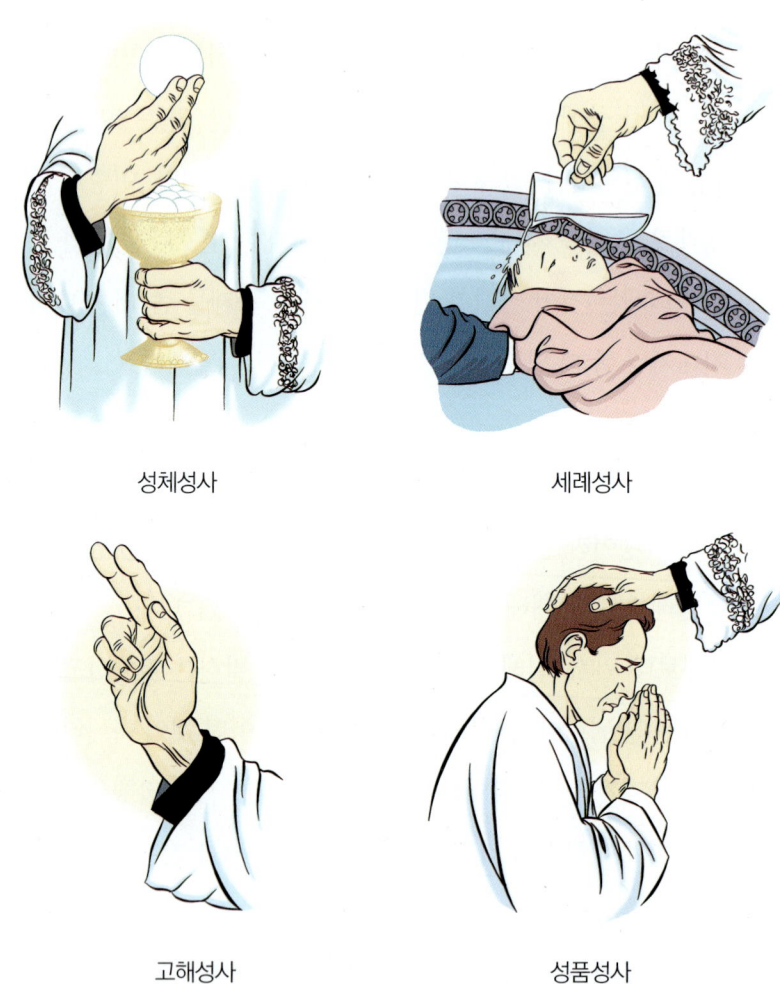

성체성사   세례성사

고해성사   성품성사

하느님의 은총을 가져다주며 교회를 일치시키고 믿음과 기쁨으로 가득 차게 하는 성사는 모두 일곱 가지입니다.

일곱 성사 가운데 세 가지 성사, 곧 세례성사, 견진성사, 성체

성사는 입문 성사라고 부릅니다. 그리스도인으로서 입문하기 위해, 곧 새 삶을 시작하기 위해 받는 성사이기 때문입니다. 몸과 영혼의 치유를 청하는 두 가지 성사, 곧 고해성사와 병자성사는 치유의 성사라고 합니다. 마지막으로 성품성사와 혼인성사는 일치의 성사입니다. 곧 다른 사람을 구원하기 위해 하느님이 제정하신 성사들입니다.

일곱 성사 외에도 준성사라는 것이 있습니다. 일곱 성사는 우리 구원을 위해 예수님이 직접 제정하신 것이지만, 준성사는 우리의 신앙생활에 이로움을 주기 위해 성경의 정신에 따라 교회가 제정한 것입니다. 준성사는 우리가 일곱 성사의 은총을 잘 받아들일 수 있도록 준비시키는 역할을 합니다. 그리고 우리가 어려움을 겪을 때, 그것을 잘 이겨 내도록 하느님의 은총을 빌게 해 주는 역할도 합니다. 준성사 가운데 대표적인 것이 강복입니다. 강복은 창조주시며 우리의 아버지이신 하느님을 찬미하면서 그분의 은총을 청하는 기도입니다. 예를 들어, 미사가 끝날 때 사제는 신자들에게 강복하는데, 이는 집에 돌아가서도 미사 때 받은 은총으로 기쁘고 행복한 신앙생활을 하도록 축복하는 기도입니다. 그리고 사람이나 물건을 축복할 때도 사제에게 강복을 청합니다. 예수님의 이름으로 사람이나 사물을 악마의 손에서 보호해 달라고 청하는 구마 기도 역시 준성사입니다.

전례에서 사용하는 책

제의방에 들어가면 많은 책을 볼 수 있습니다. 그 많은 책은 어디에 사용하는 것일까요? 그 책들은 일곱 성사와 준성사를 거행하는 데 필요한 규정과 방법을 일러 주는 지침서들입니다. 그리고 전례 때 읽는 성경 말씀을 담은 독서집과 복음집도 있습니다.

우리가 보드 게임이나 스포츠를 하려고 할 때, 다른 사람들과 함께하기 위해서는 세세한 규칙들을 준수해야 합니다. 대개 그러한 규칙들은 종이나 소책자 형태로 되어 있습니다. 성사가 일곱 가지이고 준성사도 여러 가지이기 때문에, 전례에 필요한 책도 다양하고 많습니다. 이러한 전례서들을 펼치면, 검정색 글씨로 써 있는 기도문이 보입니다. 그리고 중간중간에 기도문보다 작게 붉은색으로 쓰여 있는 글씨도 볼 수 있는데, 이것은 기도문을 바칠 때 동작과 목소리가 어떠해야 하는지를 설명합니다.

교회에서 전례 때 사용하는 가장 기본적인 책들은 세 부류로 나눌 수 있습니다. 곧 미사 경본, 예식서, 주교 예절서입니다.

미사를 봉헌할 때 사용하는 것을 **미사 경본**이라고 합니다. 미사 경본은 여러 가지 책으로 나눌 수 있습니다.

미사 경본

미사 경본은 전통적으로 표지에 금색 상식을 붙인 매우 두꺼운 책입니다. 이 책 안에는 전례주년에 제시된 모든 미사를 봉헌하는 데 필요한 사항이 전부 들어 있습니다. 곧 성찬례를 거행하는 데 필요한 기도문과 성경 말씀이 모두 들어 있습니다. 그리고 성모 마리아와 관련된 미사를 봉헌히는 데 필요한 싱모 신심 미사 경본과, 어린이들과 함께 미사를 봉헌하는 데 필요한 어린이 미사 경본처럼, 특별한 미사를 위한 미사 경본도 있습니다.

미사 통상문

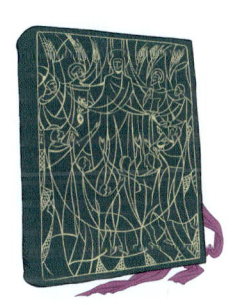

두꺼운 미사 경본이 없는 경우나 여러 사제가 함께 미사를 봉헌하는 경우에 사용하는 예식서입니다. 미사 통상문에는 간략하게 미사 순서와 전례 지침, 기본직인 기노문이 수록되어 있습니다.

독서집

말씀 전례 때 선포하는 성경 말씀만 따로 모아 놓은 두꺼운 책입니다. 미사 시간에 독서대 위에 놓여 있는 이 책에는 말씀 전례 때 읽는 독서와 화답송, 복음이 기록되어 있습니다. 한국 천주교회에서는 교황청 경신성사성에서 발행한 독서집 표준판을 미사 독서 목록을 기준으로 정리하여 다음과 같이 4권으로 나누었습니다.

- 제1권: 대림 시기, 성탄 시기, 연중 시기(제1주간~제9주간 화요일), 사순 시기, 부활 시기, 부록(주님 수난 복음 악보, 부속가 악보)
- 제2권: 연중 시기(제6주일~제34주간 토요일)
- 제3권: 성인 고유 미사, 공통 미사
- 제4권: 예식 미사, 여러 상황이나 필요에 따라 드리는 기원 미사, 신심 미사, 죽은 이를 위한 미사에 필요한 독서

독서는 주일을 가해 · 나해 · 다해로 나누어 3년 주기로, 평일을 홀수, 짝수 해로 나누어 2년 주기로 배정되어 있습니다. 주일에는 첫째 독서로 구약을 읽고, 둘째 독서로 사도서, 곧 전례 시기에 따라 서간이나 요한 묵시록을 읽으며, 셋째 독서로 복음을 읽습니다. 이러한 배치는 신 · 구약 성경과 구원 역사의 단일성을 밝히고 그 중심은 파스카 신비로 기념하는 그리스도이심을 드러내기 위한 것입니다.

주일과 축일의 독서는 두 가지 원칙, 곧 '주제

의 조화'와 '준연속 독서'에 따라 배정됩니다. 전례 시기에 따라 구약 본문, 사도서, 그리고 복음의 주제가 조화를 이루며, 연중 시기에는 가해에 마태오 복음, 나해에 마르코 복음, 다해에 루카 복음을 읽는 연속성을 지닙니다. 곧 주일 미사에 빠지지 않고 계속 나오면서 독서와 복음을 미리 읽고 묵상하며 미사에 참석한다면 성경의 중요한 내용들을 다 듣고 묵상하게 됩니다.

복음집

미사 때 선포되는 복음서만 따로 모아 놓은 책입니다. 성경에서 가장 중요한 부분이 복음서이기 때문에, 복음집은 금, 은, 상아, 보석 등으로 표지를 장식해 놓거나 혹은 전례용 성경 케이스에 넣어 둡니다. 그리고 미사를 시작하기 위해 사제가 입당할 때 복사나 독서자가 양손에 높이 들고 입당하기도 합니다.

요한 묵시록 5장에 보면, 하느님의 계시를 담은 두루마리는 봉인이 되어 있는데, 어린양이신 예수님만이 그것을 뜯고 두루마리를 펴실 수 있다고 했습니다. 이러한 이유에서 복음집은 아무나 펼칠 수 없게 끈으로 묶어 둡니다. 부제나 사제는 복음을 선포하기 전에 예수님을 대신하여 끈을 풀고 복음집을 펼쳐 예수님의 말씀을 선포합니다.

신자들의 기도집

말씀 전례 끝부분에 바치는 신자들의 기도를 모아 놓은 책입니다. 그러나 현재는 〈매일미사〉를 사용하는 경우가 많습니다. 신자들의 기도는 개인적으로 바치는 것이 아니라 모든 신자가 온 인류를 위해 바치는 기도이기 때문에 '보편 지향 기도'라고도 부릅니다. 일반적으로 네 가지 기도를 바치는데, 교회는 다음과 같은 순서로 기도하도록 권고합니다. 첫 번째는 교회를 위해, 두 번째는 온 세상의 평화와 구원을 위해, 세 번째는 온갖 어려움에 시달리는 이들을 위해, 그리고 마지막으로는 우리 공동체를 위해 기도하는 것입니다. 신자들의 기도를 맡은 사람은 기도문에 씌어 있는 것을 보고 그대로 읽기보다는 직접 준비한 기도를 정성껏 바치는 것이 더 좋습니다.

예식서는 사제들이 성사를 거행하기 위해 사용하는 전례서들을 모두 통칭하는 말입니다. 이러한 예식서 가운데 가장 기본적인 책이 무엇인지 알아보겠습니다.

세례 예식서

세례성사를 위해 필요한 예식서입니다. 세례 예식서에는 두 가지, 곧 유아 세례 예식서와 어른 입교 예식서가 있습니다.

고해성사 예식서

고해성사를 거행하는 데 필요한 예식서입니다.

병자성사 예식서

병자성사를 거행하는 데 필요한 예식서로서 병자의 도유와 사목적 배려 예식서라고도 부릅니다.

미사 밖에서 하는 영성체와 성체 신비 공경 예식서

미사를 거행하지 않고 성체를 영하는 예식과 성체를 현시하고 강복하는 예식에 필요한 예식서입니다.

혼인 예식서

혼인성사를 거행하는 데 필요한 예식서입니다.

장례 예식서

장례 미사와 장례식에 필요한 예식서입니다.

종신 서원 예식서

수도자의 종신 서원 예식에 필요한 예식서입니다.

축복 예식서

공동체, 가정, 공장, 상점, 자동차, 물건 등에 대한 수많은 축복 예식을 수록한 예식서입니다.

견진성사나 성품성사 등 몇 가지 전례는 주교만 거행할 수 있습니다. 이러한 전례를 거행하는 데 필요한 예식서들을 **주교 예절서**라고 합니다.

주교 예절서

주교가 거행하는 예절을 위한 세부 규정을 담은 책입니다. 이 책에는 주교가 전례 거행을 주례하는 데 필요한 규정들이 세세하게 설명되어 있습니다. 보통은 붉은색 표지를 사용합니다.

견진성사 예식서

견진성사를 거행하는 데 필요한 예식서입니다.

성품성사 예식서

성품성사는 세 가지로, 곧 주교 서품과 사제 서품과 부제 서품으로 나뉩니다. 따라서 성품성사 예식서도 세 가지, 곧 주교 서품 예식서, 사제 서품 예식서, 부제 서품 예식서가 있습니다.

동정녀 축성 예식서, 아빠스 축복 예식서

동정녀 축성 예식서는 주님을 위해 혼인하지 않고 일생 동안 봉헌 생활을 하기로 서원하는 여성들을 축성하는 예식을 거행하는 데 필요한 예식서입니다. 아빠스 축복 예식서는 대수도원장인 아빠스의 축복 예식을 거행하는 데 필요합니다.

성유 축성 예식서, 성당과 제대 축성 예식서

성유 축성 예식서는 성주간 목요일에 거행하는 성유 축성 미사에서 성유를 축성하는 예식에 필요한 예식서입니다. 성당과 제대 축성 예식서는 새 성당과 제대를 봉헌하는 미사에서 성당과 제대를 축성하는 예식에 필요한 예식서입니다.

마지막으로 교회가 바치는 공적인 기도에 함께하려는 사제와 수도자, 모든 평신도에게 매우 중요한 책이 있습니다. 이 책은 시간 전례서라고 하는 기도서인데, 일반적으로는 성무일도서라고 부릅니다. '성무일도'는 매일 정해진 시간에 하느님을 찬미하는 기도입니다. 그래서 이 기도를 '시간 전례'라고 부릅니다.

성무일도서는 두 가지 종류가 있습니다. 첫 번째는 일반적으로 《성무일도》라고 부르는 네 권의 기도서입니다. 이 책은 대림 시기와 성탄 시기를 위한 기도서 한 권, 사순 시기와 부활 시기를 위한 기도서 한 권, 그리고 연중 시기를 위한 기도서 두 권으로 구성되어 있습니다. 두 번째는 네 권의 기도서를 보다 쉽게 바칠 수 있도록 한 권으로 요약한 《소성무일도》입니다. 일반적으로 네 권의 《성무일도》는 사제들과 수도자들이 주로 보고, 《소성무일도》는 일반 신자들이 주로 봅니다.

6. 전례복과 전례 도구

전례복

우리는 외출할 때나 잔치에 초대받아 갈 때 어떤 옷을 입고 갈지 한참 동안 고민하면서 옷을 고릅니다. 그리고 언제 어디서 누구와 만나느냐에 따라 옷차림이 달라집니다. 마찬가지로 하느님께 기도하러 성당에 갈 때나 예수님을 위해 전례에서 봉사할 때도 그 자리에 어울리는 옷차림을 해야 합니다.

성경에는 하느님 백성의 옷차림에 대한 이야기가 자주 나옵니다. 예를 들어, 요한 묵시록 7장에 보면, 수를 셀 수 없을 만큼 큰 무리가 "희고 긴 겉옷"을 입고 어린양이신 예수님 앞에 나타났다고 합니다. 여기서 희고 긴 겉옷은 하느님 자녀의 품위를 나타내는 상징입니다. 곧 하느님의 사녀들은 그분의 영광과 아름다움에 어울리는 품위를 지녀야 한다는 뜻입니다. 이런 뜻에서 우리도 하느님의 자녀가 되는 세례성사를 받을 때 예쁜 흰옷을 입는 예식을 했습니다.

전례, 특히 사제 서품과 같이 특별하고 장엄한 전례에 참여할 때 우리는 제단에 다양한 전례 직무자들이 입고 있는 옷들을 보게 됩니다. 전례 봉사자들과 주례 사제를 돕는 능력을 키우기 위해서는 이러한 옷들의 명칭들을 익히는 것이 중요합니다. 그리고 '색깔이 있는'이라는 말이 예식서에 나오면 그것은 다양한 전례색을 가리키는 말이거나 전례복을 가리키는 말임을 알아야 합니다.

중백의

중백의는 옷 길이가 허리나 무릎까지 내려오는 흰색 옷이며, 소매 끝부분이나 아랫부분에 수를 놓거나 장식을 붙일 수 있습니다. 이 옷은 수단이나 수도복 위에 입습니다.

개두포

사제가 미사 때 입는 전례복 가운데 가장 먼저 착용하는 것으로, 네모난 보자기 형태이며 양쪽 끝에 긴 끈이 달려 있습니다. '개두포'라는 말은 '머리에 덮어쓰는 보자기'라는 뜻이며 '구원의 투구'라는 상징적인 의미로 이해할 수 있습니다. 개두포는 목과 어깨를 감싸 땀을 흘릴 경우를 대비하고, 장백의가 더러워지는 것을 방지합니다.

장백의

장백의는 옷 길이가 발끝까지 내려오는 흰색 옷입니다. 사제뿐 아니라 전례에서 봉사하는 복사도 장백의와 비슷한 형태의 전례복을 착용하기도 합니다. 따라서 장백의는 전례에서 봉사하는 이들이 착용하는 공식적인 복장이라고 할 수 있습니다. 장백의도 중백의처럼 소매 끝부분이나 아랫부분에 수를 놓거나 상식을 붙일 수 있습니다.

띠

장백의를 입은 다음 허리에 두르는 긴 끈입니다. 띠는 전례 시기에 따라 색깔을 달리할 수 있습니다.

영대

사제가 착용하는 전례복 가운데 중요한 복장으로, 성무를 집행하거나 전례를 거행한다는 것을 표시하는 상징이기도 합니다. 영대는 목에 걸쳐 무릎까지 늘어지게 착용하는 넓은 띠이며, 전례 시기에 따라 색깔이 구분됩니다.

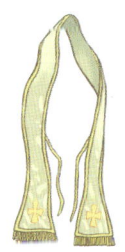

부제는 왼쪽 어깨에서 오른쪽 옆구리 쪽으로 비스듬히 매고, 사제와 주교는 목에 걸쳐 정면으로 내려오게 착용합니다.

달마티카

달마티카는 부제가 입는 제의로, 장백의와 띠를 착용한 다음 맨 마지막에 입습니다.

제의

사제와 주교가 장백의와 영대 위에 입는 전례복으로 머리 부분만 뚫려 있는 반원형 망토의 형태입니다. 제의의 변천을 살펴보면 팔부분이 없으며 다소 좁고 약간 딱딱한 제의 플라네타(라틴어, Planeta)도 있습니다. 전례에는 둘 다 사용할 수 있습니다

수대

수대手帶는 왼쪽 팔에 걸치는 작은 영대 같은 형태입니다. 옛 로마 전례에서 미사 때 사용되었으나, 1967년 이후에는 사용하지 않습니다.

카파

카파(라틴어, cappa)는 '비가 올 때 사용하는 망토'에서 유래했습니다.

이는 주례자의 몸을 감싸는 색깔이 있는 긴 망토로서 앞이 열려 있습니다. 보통 성체 강복, 성체 행렬, 장례 예식, 혼인 예식, 장엄한 저녁기도처럼 미사가 아닌 장엄한 예식 거행에서 사용됩니다. 플루비알레(라틴어, Pluviale)라고도 불립니다.

어깨보

길고 넓은 천으로 어깨에 걸쳐 양팔과 손을 덮도록 늘어뜨린 전례복입니다. 시세니 부제가 성체 강복을 할 때 성광을 감싸 쥐거나 성체가 담긴 성합을 덮어 감싸 쥐는 데 사용합니다.

앞치마

사제 서품식에서 주교가 서품 대상자의 손에 기름을 바를 때 제의에 기름이 묻지 않게 하기 위해 착용합니다. 또는 사제가 주님 만찬 성목요일 미사에서 발씻김 예식을 할 때 장백의나 영대에 물을 묻히지 않기 위해 사용합니다.

주교나 아빠스의 특별한 표지

주교(추기경도 포함)나 대수도원의 아빠스(수도원장)가 전례 때 입는 전례복 가운데 사제가 착용하는 것과 다른 것이 있습니다. 이와 같은 전례복은 주교나 아빠스가 사제보다 높은 자리에 있다는 것을 표시하기 위한 것이 아니라 교회와 신자들을 위해 사제보다 더 큰 책임을 지닌 목자임을 드러내기 위한 것입니다.

몇몇 전례 거행이나 환경에서 쓰는 예절용 모자(라틴어, 비레툼 biretum)도 사제와 주교, 추기경이 각각 다릅니다. 작은 사각 모양의 이 모자를 사제는 검은색, 주교는 자주색, 추기경은 붉은색으로 된 것을 씁니다.

반지

충실함과 굳은 신뢰를 표현하는 상징입니다. 예를 들어, 부부는 서로를 굳게 신뢰하고 사랑할 것을 약속하는 의미로 결혼반지를 낍니다. 비슷한 의미에서 주교(아빠스)는 주님과 교회(수도원)를 사랑하고 충실한 삶을 살겠다고 약속하는 의미로 반지를 착용합니다.

가슴 십자가

주교와 아빠스는 목에 가슴 십자가를 거는데, 이는 죽을 때까지 자신에게 맡겨진 신자들을 보호하고 그들을 위해 봉사하겠다는 표지입니다.

목자 지팡이

목자가 양 떼를 지키고 이끌기 위해 지팡이를 사용하는 것처럼, 주교와 아빠스는 신자들을 사랑으로 이끌고 사랑하겠다는 의미로 왼손에 지팡이를 듭니다. 나무나 금속으로 만드는 이 목자 지팡이는 주교(아빠스)가 교회(수도원)의 목자임을 상징합니다.

주케토

필레올루스라고도 불리는 작고 둥그런 모자입니다. 천이나 비단으로 만드는데, 교황은 흰색, 추기경은 붉은 색, 주교와 아빠스는 자주색 주케토를 씁니다.

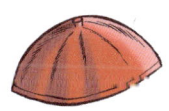

주교관

주교와 아빠스의 품위와 직무를 상징하는 전례용 모자입니다. 방패를 뒤집어 놓은 듯한 모양이 앞뒤 양면으로 된 모자로 뒤쪽 양끝에는 어깨까지 내려오는 리본이 두 가닥 달려 있습니다. 교황과 추기경도 주교관(라틴어, 미트라 Mitra)을 씁니다.

팔리움

대주교가 어깨에 걸치는 둥근 형태의 띠로서 여섯 개의 검은 십자가가(교황은 붉은 십자가) 흰 천 위에 수놓여 있습니다. 그리고 앞뒤(가슴 쪽과 등 쪽)로 한 가닥의 띠가 내려뜨려져 있습니다. 팔리움은 선한 목자이신 예수님이 어깨에 메고 데려오신 잃어버린 양을 상징합니다. 그리고 우리를 위해 십자가에 못 박혀 돌아가신 하느님의 어린양이신 예수 그리스도를 상징하기도 합니다. 또한 팔리움에 있는 세 개의 빨간 핀은 십자가의 세 개의 못을 의미합니다.

전례 용품과 전례 도구

아마포나 면으로 만든 전례 용품

제대는 전례가 거행되는 중심이기 때문에 제대와 관련된 도구들과 기타 용품들을 잘 알아 두는 것이 중요합니다. 그중에서도 먼저 아마포나 면으로 만든 전례 용품들에 대해 알아보겠습니다.

제대 앞 가림판

제대 앞을 가리는 넓은 판입니다. 나무나 금속에 화려하게 장식해서 만들 수도 있고 아름다운 수를 놓은 천을 사용할 수도 있습니다.

제대포

식탁에 식탁보를 깔듯이, 성찬의 식탁인 제대에도 제대포를 깝니다.

제대포는 영광을 상징하는 흰색 천을 사용하며 제대 전체를 덮어야 합니다. 양쪽 끝을 자수나 레이스로 장식하기도 합니다.

제대 덮개

전례를 거행하지 않을 때 제대에 먼지가 앉거나 때가 타지 않게 덮어 놓는 넓은 천입니다. 일반적으로 짙은 자주색의 두꺼운 천을 사용하는데, 전례 시기에 따라 색깔을 다르게 하기도 합니다.

성작 덮개

아마포로 만든 두껍고 네모난 판입니다. 말씀 전례 동안 그리고 영성체 이후에 성작을 덮어 놓는 데 사용합니다.

성체포

넓고 네모난 모양으로 아마포로 만듭니다. 성체포에는 성찬 전례 때 성작, 성반, 성합을 올려놓습니다. 이는 성체와 성혈이 혹시라도 다른 데로 떨어지는 일이 없도록 하기 위한 것입니다. 성체포는 흰색이며 가운데에는 붉은색 실로 십자가가 새겨져 있습니다.

성작 수건

사제가 성작을 닦거나 성혈을 영한 다음 입을 닦는 데 사용하는 흰색 수건입니다. 말씀 전례 때는 성작 위에 올려놓았다가 성찬 전례 때에는 성체포 옆에 놓아두고 사용합니다. 성작 수건 가운데에는 붉은색 실로 십자가가 새겨져 있습니다.

주수 수건(물수건)

예물 준비 시간에 사제는 물로 손을 씻는데, 이때 손을 닦기 위해 사용하는 수건입니다.

감실 가리개와 수난 감실 닫집

예수님의 성체를 모셔 두는 감실은 거룩한 곳이기 때문에 경외심을 표현하는 의미로 감실 앞에 작은 커튼과 같은 가리개를 설치하기도 합니다. 그리고 주님 만찬 성목요일 미사 후에는 감실을 비우고 다른 장소에 마련한 '수난 감실'에 성체를 옮겨 모시는데, 이때 수난 감실 위에 닫집을 설치하여 성체에 대한 공경심을 표현합니다.

복사가 사용하는 전례 도구

우리는 학교나 집에서 다양한 물건을 사용합니다. 그러한 물건들은 각각 이름이 있고 고유한 용도를 지녔으며 사용 방법도 저마다 다릅니다. 그중에는 정확한 용도와 사용 방법을 알지 못하면 전혀 사용할 수 없는 물건도 있습니다. 그리고 용도에 맞지 않게 사용하면 부서지거나 고장이 나기도 하고 우리가 다칠 수 있는 물건도 있습니다.

마찬가지로 복사가 전례에서 사용하는 전례 도구들도 저마다 이름과 용도와 사용 방법이 있고 용도에 맞게 사용하지 않으면 부서지기도 하고 사람이 다칠 수도 있습니다. 그리고 전례 도구의 사용이 미숙하여 복사가 실수를 저지르면 뜻하지 않게 전례 분위기를 흩뜨릴 수도 있습니다.

향로

숯불을 넣고 향을 태워 연기를 내기 위해 금속으로 만든 작은 화로입니다. 향로에는 세 가닥의 얇은 사슬이 매여 있고 향로 안에는 숯불을 담는 작은 그릇이 있습니다. 그곳에 숯불을 놓고 향을 올려 연기를 피웁니다. 향로에는 같은 재료로 만든 덮개(뚜껑)가 있습니다. 덮개의 세 귀퉁이에 구멍이 뚫려 있는데 그 사이로 향로와 연결된 세 가닥의 얇은 쇠사슬이 통과합니다. 덮개를 위아래로 들어 올리거나 내리는 데 사용할 수 있도록 꼭지 부분에는 한 가닥의 쇠사슬이 연결되어 있습니다.

향 그릇

향을 담아 놓는 그릇이며, 향로와 마찬가지로 금속으로 만듭니다.

향로 걸이

향로를 걸어 놓고 향 그릇을 올려놓을 수 있는 걸이입니다. 낮은 옷걸이와 비슷한 모양이며 금속으로 만듭니다. 윗부분에 가로로 길게 붙은 쇠막대는 어깨보를 걸쳐 놓기 위한 것입니다.

행렬용 십자가

긴 막대 끝에 십자가를 달아 놓은 모양입니다. 미사를 거행하기 위해 사제가 전례 봉사자들과 함께 입당할 때, 십자가 복사가 들고 행렬을 합니다. 이때 복사는 예수님이 달려 계신 쪽이 걷는 방향 쪽을 향하도록 십자가를 들고 행렬합니다.

촛대와 초

촛대는 금속이나 나무로 만들며, 그 위에 불을 밝힌 초를 세웁니다. 사제가 전례 봉사자들과 함께 입당할 때 초 복사가 촛대를 들고 행렬합니다. 전깃불이 없던 시절에는 성당 안의 어둠을 밝히기 위해 촛불을 사용했지만, 오늘날에는 타오르는 촛불처럼 항상 깨어 있어야 하는 그리스도인의 신앙을 나타내기 위해 촛불을 사용합니다. 부활 시기에 부활초를 밝히는 촛대는 화려하게 장식합니다. 부활 촛대는 독서대 옆에 준비합니다.

신자 영성체용 성반

금속으로 된 작은 타원형 성반으로, 손잡이가 달려 있으며 성체를 분배할 때 땅에 성체나 그 조각이 떨어지는 것을 막기 위해 사용합니다.

종

성찬 전례가 거행되는 동안 매우 중요한 순간에는 신자들의 주의를 집중시키기 위해 종을 칩니다. 손잡이가 달려서 들고 흔들어 소리를 내는 종도 있고, 타봉으로 쳐서 소리를 내는 종도 있습니다.

제대 위나 주변에 올려놓는 전례 용품

미사가 거행되는 동안 처음부터 끝까지 제대 위에 놓여 있는 것은 초 또는 등잔입니다.

제대 초

미사가 거행되는 동안 각기 다른 형태와 재료로 된 받침에 초 또는 등잔으로 불을 밝힙니다. 제대 초는 세상을 비추는 그리스도의 빛을 상징할 뿐 아니라 하느님께 바치는 신자들의 기도를 상징하기도 합니다. 일반적으로 한쪽을 기준으로 평일 미사에는 한 개씩, 축일 미사에는 두 개씩, 대축일 미사에는 세 개씩 제대 초를 밝힙니다. 그리고 주교가 있을 경우에는 총 7개를 밝힙니다.

십자고상

예수님이 달려 계신 십자가는 우리를 위해 당신의 생명을 내어놓으신 예수님의 사랑을 상징합니다. 일반적으로 십자고상은 제대 앞쪽 한가운데에 놓습니다. 하지만 요즘에는 성당 뒤쪽에서도 잘 보이도록, 나무나 금속으로 만든 긴 막대기 위에 달아서 제대 옆에 세우기도 합니다.

주수대와 관련이 있는 전례 도구

제단 한쪽에는 미사 때 사용하는 전례 도구를 준비해 놓는 자리가 있는데, 그곳을 '주수대'라고 합니다. 본래 '주수'라는 말은 포도주(酒)와 물(水)을 가리키지만 주수대에는 포도주와 물 외에도 다른 여러 가지 전례 도구를 준비합니다. 이제 그러한 도구에는 어떤 것이 있는지 구체적으로 살펴보겠습니다.

책틀

제대 위에 미사 경본이나 예식서를 올려놓을 때 사용하는 책 받침대입니다. 주례석에서 집전자가 전례 거행을 주례하는 데 용이하도록 다리가 있는 보면대 형태의 책틀을 사용하기도 합니다.

주수병

유리나 금속으로 만든 두 개의 작은 병입니다. 그중 하나에는 포도주, 다른 하나에는 물을 담습니다. 성찬 전례 때 복사는 주수병에 담긴 포도주와 물을 주례자가 성작에 부을 수 있도록 건넵니다.

물주전자

금속이나 유리로 만든 물주전자는 전례 도중에 사제가 손을 씻을 일이 있을 때 사용합니다. 예를 들어, 주님 만찬 성목요일 미사에서 사제가 발씻김 예식을 거행한 다음 손을 씻을 때 사용합니다. 비슷한 역할을 하는 도구로 예물 준비 시간에 사제가 손을 씻는 그릇이 있는데, 이것은 물그릇입니다.

제병

누룩을 넣지 않고 반죽한 밀가루로 구운 작고 둥근 빵입니다. 성찬 전례에서 사제가 축성한 제병은 예수님의 몸으로 바뀝니다. 제병은 크기에 따라 '대제병'과 '소제병'으로 나뉩니다.

성작

금속이나 도자기 또는 나무로 만들며 높이가 약간 있는 컵입니다. 사제가 예물 준비 시간에 성작에 포도주와 몇 방울의 물을 넣은 다음, 성찬 전례에서 감사 기도를 할 때 예수님의 피로 바뀝니다.

성반

대제병을 담는 작고 둥근 접시로, 성작과 같은 재료를 사용합니다.

성합

성작보다 약간 크고 둥근 모양으로 덮개(뚜껑)가 있는 컵입니다. 성합에는 영성체 시간에 신자들에게 나누어 줄 소제병을 담아 놓습니다. 그리고 영성체 후에 남은 성체를 감실에 모셔 두는 데 사용하기도 합니다. 성작처럼 높이가 있는 성합도 있고, 바닥이 낮은 성합도 있습니다.

일반적으로 성작, 성반, 성합은 금이나 은과 같은 귀금속으로 만드는데, 일반 금속으로 만들 경우에는 금 도금이나 은 도금을 합니다. 또한 다른 재료를 사용할 수 있지만 품위가 있으며 물기를 흡수하지 않고 견고한 재료여야 합니다. 이처럼 재료는 다양하지만 하나같이 겉을 아름답고 화려하게 장식합니다. 이러한 장식은 단순히 보기 좋게 하는 것을 넘어 매우 고귀한 예수 그리스도의 몸과 피를 담는 도구임을 표현히기 위한 것입니다. 성작과 성반과 성합은 이처럼 거룩하신 예수님의 몸과 피를 담는 그릇이기 때문에 '전례 용기'(거룩한 도구)라고 부릅니다. 따라서 이 전례 용기는 오직 미사 때에만 사용하고 함부로 또는 소홀하게 다루는 일이 절대 없도록 해야 합니다.

그 밖의 전례 도구

지금까지 설명한 전례 용품과 도구 외에도 소개해야 할 것이 몇 가지 더 있습니다.

성체등

감실 옆에 켜 놓은 빨간 빛의 등입니다. 감실에 성체를 모셔 둘 때는 성체등을 항상 켜 놓아야 합니다. 이것은 예수님의 몸인 성체를 감실에 모셔 두었다는 것을 표시하기 위한 것입니다. 곧 성체등은 성체 안에 계시는 예수님의 현존을 상징합니다.

부활초

파스카 성야 미사 때 축성하는 매우 크고 긴 초입니다. 부활초는 부활하신 그리스도를 상징합니다. 부활 시기 동안 부활초는 독서대 옆에 위치하여 미사 때 불을 밝힙니다. 부활 시기가 아닐 때에는 세례성사와 장례 미사 때 부활초를 사용합니다. 세례성사는 그리스도인으로서 첫 발을 내딛는 입문 성사이고 장례 미사는 죽음을 맞이한 다음 이 세상에서 마지막으로 참례하는 미사입니다. 따라서 세례와 장례는 그리스도인에게 시작과 마침을 의미합니다. 이와 같이 세례성사와 장례 미사 때 부활초를 밝히는 것은, 부활하신 예수님이 모든 것의 시작이며 마침이시기 때문입니다.

촛불 점화기

제대에 촛불을 켜기 위해 사용하는 도구입니다. 기다란 원통형의 막대기 모양이며, 원통 안에는 초심지가 들어 있어 불을 붙여 옮길 수 있습니다.

성광

성체 현시나 성체 강복 또는 성체 행렬 때에 신자들에게 성체를 보이기 위해 사용하는 성구입니다. 금속으로 만들고 매우 화려하게 장식하며 금 도금이나 은 도금을 하는데, 이것은 성체 안에 계시는 예수님께 경외심을 표현하기 위한 것입니다. 성광 한가운데에는 '루나'('달'이라는 뜻임)라고 불리는 반원형 틀이 있는데, 그곳에 대제병을 축성한 성체를 모십니다.

유해 성광

성체를 모시는 성광과 비슷한 형태이지만, 성인의 유해(뼛조각)를 안치하여 전시하기 위한 도구입니다. 성인들은 주님을 위해 생명을 바친 사람들이기 때문에, 전통적으로 교회에서는 그분들을 기억하고 그 믿음과 삶을 본받기 위해 유해를 공경하는 풍습이 있습니다.

받침대

성광이나 성인의 유해 또는 성화를 올려놓는 작은 단입니다. 그 위에 올려놓는 성광이나 다른 성물의 품격을 가리지 않도록 너무 화려하거나 두드러지지 않고 적당하게 장식을 합니다.

닫집

성체 행렬을 할 때, 성체를 모신 성광을 들고 행렬하는 사제의 머리 위쪽으로 복사들이 닫집을 들고 따라갑니다. 닫집은 네 개의 기둥 위에 천을 씌운 집 모형의 천막입니다. 닫집은 사제를 햇빛이나 비로부터 보호하기 위한

것이 아니라, 사제가 모시고 행렬하는 성체에 대한 경외심을 표현하기 위한 것입니다. 닫집 대신 큰 우산을 사용하기도 합니다. 제대 위에 닫집을 설치하기도 하는데, 예를 들어 성 베드로 대성전과 같은 바실리카의 제대 위에는 금속과 나무로 만든 닫집이 설치되어 있습니다.

성유함

성주간 목요일 성유 축성 미사에서 축성한 세 가지 기름, 곧 축성 성유, 예비 신자 성유, 병자 성유는 특별한 그릇에 담아 보관합니다. 성유를 담아 보관하는 그릇을 성유함이라고 하는데, 일반적으로 작은 원통형 모양이며 뚜껑이 있습니다.

병자 영성체 성합

병자 영성체나 노자 영성체를 위한 성체를 모시는 데 쓰는 금속으로 된 작은 성합입니다. 천이나 가죽으로 만든 입구가 작은 주머니에 이것을 넣고 다닙니다.

성수통

축성된 물, 곧 성수를 담는 통입니다. 성수통은 항상 성수채와 짝을 이룹니다.

성수채

성수를 뿌리기 위한 채입니다. 일반적으로 사람이나 물건에 성수를 뿌리는 것은 축성을 의미하는 행동입니다. 특별히 성수 예식 때 신자들에게 성수를 뿌리는 것은, 죄를 씻고 새로 태어나게 한 세례를 기억하라는 뜻이 있습니다. 장례 미사 때 고별식에서도 성수를 뿌리는 예식이 있는데, 이것은 죽은 이가 이미 세례로 영원한 생명의 나라에 들어가게 되었음을 표현하기 위한 것입니다.

예절용 접이의자

이동용 의자입니다. 단순한 것도 있고, 장식을 많

이 한 것도 있습니다. 이 의자는 신자들이 잘 볼 수 있는 곳에서 주교가 특별한 예식을 행할 때 사용합니다.

7. 성체성사

성체성사는 일곱 성사 가운데 가장 중요하고 "그리스도교 생활 전체의 원천이며 정점"(교회 헌장 11항)인 성사입니다. 그리고 성체성사가 행해지는 미사는 전례 중에서도 가장 아름다운 전례이며, 우리가 하느님께 바칠 수 있는 가장 큰 기도이고, 다른 모든 성사의 원천입니다. 모든 그리스도인은 첫영성체를 통해 비로소 그리스도가 주시는 생명의 양식을 받아먹기 시작하고 교회 공동체의 한 사람으로 신앙생활을 시작합니다. 그러므로 우리는 생명의 양식이 차려지는 성체성사에 참여할 수 있게 된 것을 하느님께 찬미와 감사를 드리며 기뻐하고 즐거워해야 합니다. 사실 성체성사라는 말은 본래 감사를 뜻하는 그리스어 '에우카리스티아'에서 유래했습니다.

일반적으로 우리는 성체성사를 미사라고 부릅니

다. 미사는 두 부분으로 이루어지는데, 그것은 바로 말씀 전례와 성찬 전례입니다. 말씀 전례는 성경을 통해 전달된 하느님의 말씀을 듣고 응답하는 예식이고, 성찬 전례는 빵과 포도주를 예수님의 몸과 피로 축성하고 받아 모시는 예식입니다. 두 부분 모두 중요한 전례이며, 어느 한 부분만으로는 미사를 거행할 수 없습니다.

말씀 전례와 성찬 전례는 시작 예식과 마침 예식 사이에 있습니다. 이 두 예식은 말씀 전례와 성찬 전례보다는 덜 중요하지만 미사에 참례하는 신자들에게 매우 유익한 시간입니다. 말씀 전례 앞에 오는 시작 예식은 미사를 시작하고 이끌고 준비하며, 신자들이 한마음으로 정성껏 하느님의 말씀을 듣고 합당하게 성찬 전례를 거행할 수 있는 준비를 하게 합니다. 성찬 전례 다음에 오는 마침 예식은 미사를 봉헌한 신자들이 하느님을 찬미하며 기쁜 마음으로 돌아가 복음을 선포하는 삶을 살도록 이끌어 줍니다.

미사 전 준비

미사를 거행하는 데 봉사하는 복사는 전례가 시작되기 전, 차분하게 몸과 마음을 준비해야 합니다. 그렇지 않으면 전례가 거행되는 동안 무엇을 어떻게 해야 하는지도 모른 채 어수선하게 행동하게 됩니다. 그래서 실수를 하고 미사에 참례하는 사람들이 정성껏 기도하는 데 방해가 될 수 있습니다. 따라서 미사 시간에 복사가 차분하고 실수 없이 봉사하기 위해 무엇을 어떻게 준비해야 하는지 알아보겠습니다.

제의방에서 가장 먼저 할 일은 주례자, 만약 부제나 공동 집전자가 있다면 그들 모두를 위해 옷을 준비하는 것입니다. 개두포, 장백의, 띠, 영대, 제의 그리고 부제복 등을 준비해야 합니다. 그리고 전례 봉사를 위한 모든 것을 준비합니다. 전례 봉사자들의 전례복, 향로와 향 그릇, 행렬에 사용되는 십자가와 촛대, 복음집 등을 준비해야 하는 것입니다. 마지막으로 전등과 마이크가 제대로 작동하고 조절되어 있는지도 확인합니다.

제대 위에는 제대포와 초만 있어야 합니다.

그리고 **주수대**에는 성찬 전례 때 사용할 미사 경본과 책틀 그리고 그 밖에 필요한 성작 수건과 대제병이 얹혀 있는 성반, 성작 덮개가 올라가 있는 성작, 제병이 담겨 있는 성합, 주수병, 물그릇과 주수 수건이 준비되어 있어야 합니다.

자, 이제 모든 것이 잘 준비되었습니다. 그러면 이제부터 대축일 미사를 예로 들어 순서에 따라 복사가 언제 어떻게 움직여야 하는지 살펴보겠습니다. 대축일 미사를 예로 든 것은, 복사가 해

시작 예식 순서
- 입당 성가
- 십자 성호
- 인사
- 참회
- 자비송
- 대영광송
- 본기도

야 하는 모든 역할이 빠짐없이 포함된 전례이기 때문입니다.

시작 예식

우리가 다른 사람이 초대한 파티에 갔다면, 파티장에 도착하자마자 곧바로 식탁으로 가서 케이크와 음식을 먹지 않습니다. 먼저 초대해 준 분과 인사를 나누고, 파티의 시작을 알리는 말을 들은 뒤, 간단히 축하식을 하고 난 후에야 음식을 먹습니다. 구원의 잔치인 미사에서도 마찬가지입니다. 우리는 예수님의 초대를 받고 이 잔치에 참석하였기에, 성당에 들어가자마자 성체를 영하지는 않습니다. 생명의 양식인 성체를 받아 모시기 위해서는 정해진 순서에 따라 몸과 마음을 준비하는데, 그러한 준비 예식을 시작 예식이라고 합니다.

미사는 주례자가 복사단과 함께 입당하는 것으로 시작합니다. 주례자는 제대 앞에서 허리 숙여 인사를 하고 제단에 올라간 다음 십자 성호, 인사, 참회, 자비송, 대영광송, 본기도 순으로 예식을 거행합니다. 이제부터 시작 예식에서 복사가 어떻게 봉사해야 하는지 살펴보겠습니다.

시작 예식에서의 봉사

대축일 미사에서는 십자가 복사, 초 복사(두 명), 향로 복사, 향 복사, 시종 복사(두 명)가 있어야 합니다. 복사들은 적어도 미사 시작 20분 전에 성당에 도착하여 복사복으로 갈아입고 함께 모여 복사 기도를 바칩니다. 그런 다음 대복사는 촛불 점화기를 사용하여 제대에 촛불을 켭니다. 복사들은 제의방에서 조용히 주례자를 기다립니다. 주례자가 제의를 다 갖추어 입으면, 모든 복사는 주례자와 함께 입당 행렬을 준비합니다. 행렬은 향로 복사와 예절지기, 양쪽에 초 복사들을 둔 십자가 복사, 그 밖의 다른 전례 봉사자들, 복음집을 든 부제나 사제(또는 독서자), 두 줄로 선 공동 집전자들, 마지막에 부제들을 동반한 주례자 순서로 이루어집니다. 이들은 모두 준비를 끝내고 기다리다가, 입당 성가와 함께 행렬을 시작합니다.

행렬의 맨 앞사람이 제대 앞에 도착하면, 차례로 제대 앞 한가운데에서 허리를 숙여 인사한 다음, 좌우로 갈라져 정해진 자기 자리에서 대기합니다. 행렬용 십자가는 제대 옆에 세우거나 제의방에 가져다 놓습니다. 복음집은 제대 위에 놓습니다. 사제들과 부제들은 제대에 입을 맞추고 그들의 자리로 갑니다. 반면에 주례자는 부제들의 도움을 받아 향로를 받아서 십자가와 제대를 분향합니다. 주례자가 분향을 마치면 향로 복사에게 향로를 돌려주고, 주례석으로 갑니다. 만약 보면대가 없으면 복사 하나가 미사 경본을 들고 주례자 앞에 서 있습니다. 마찬가지로 마이크대가 없으면 다른 복사나 예절지기가 마이크를 들어서 봉사를 합니다.

입당 성가가 끝나면, 주례자는 십자 성호를 긋고 인사를 합니다. 주례자는 인사를 마친 다음, 간단하게 그날 미사에 대해 설명할 수도 있습니다. 그다음으로 거룩한 미사를 합당하게 봉헌할 수 있도록 몸과 마음을 준비하기 위해 참회 예식을 거행합니다. 잘못을 뉘우치고 주님께 용서를 청하기 위해 고백 기도를 하고 자비송을 노래합니다. 참회 예식 대신 세례를 기억하면서 성수 예식을 거행할 수도 있습니다.

주일(대림 시기와 사순 시기 제외)이나 대축일 미사에서는 자비송 다음에 대영광송을 노래합니다.

시작 예식은 하느님 백성이 한마음으로 바치는 본기도(모임기도라고도 함)로 마무리됩니다. 본기도가 끝나면 모든 신자는 자리에 앉고 독서자는 독서대 앞으로 나옵니다.

말씀 전례

시작 예식이 끝나면 미사를 구성하는 두 부분 가운데 첫 번째인 말씀 전례가 시작됩니다. 여러분은 루카 복음서 24장에 나오는 '엠마오로 가는 두 제자에게 나타나신 예수님 이야기'를 기억할 것입니다. 두 제자는 부활하신 예수님이 그들과 함께 걷고 계셨는데도, 그분을 알아보지 못했습니다. 하지만 예수님이 그들에게 성경 말씀을 설명해 주시고 빵을 쪼개어 나누어 주시자 비로소 모든 것을 깨달았습니다. 이렇듯 성경 말씀은 예수님을 알아보고 이해하기 위해 매우 중요한 것입니다. 여러분이 정말로 예수님을 만나고 사랑하기 위해서는, 그분에 대해 이야기하는 성경 말씀을 귀 기울여 듣고 이해해야 합니다.

말씀 전례에서의 봉사

시작 예식의 본기도가 끝나면 독서가 시작됩니다. 미사에 참례한 모든 사람은 앉아서 독서대에서 선포되는 주님의 말씀에 귀를 기울여야 합니다. 대축일 미사, 주일 미사처럼 독서가 두 개인 경우에 제1독서는 구약 성경이나 사도 행전 또는 요한 묵시록에서, 제2독서는 신약 성경의 서간에서 선택했습니다. 두 독서 사이에는 시편으로 이루어진 화답송이 들어 있습니다. 화답송은 우리에게 말씀을 건네시

말씀 전례 순서
- 제1독서
- 화답송
- 제2독서
- 부속가
- 복음 환호송
- 인사
- 십자 표시
- 복음 선포
- 강론
- 침묵
- 신앙 고백
- 보편 지향 기도

는 주님께 응답하는 노래입니다.

  주님 부활 대축일, 성령 강림 대축일, 지극히 거룩하신 그리스도의 성체 성혈 대축일, 고통의 성모 마리아 기념일에는 제2독서와 복음 사이에 축일 주제에 대한 시적 찬미가인 부속가를 노래하기도 하고 읽기도 합니다.

  제2독서나 부속가 다음에 복음 환호송을 노래합니다. 복음 환호송은 사제나 부제가 복음을 선포하기 전에 주님의 말씀에 환호하는 노래입니다. 사순 시기를 제외한 모든 미사 시간에 복음 환호송으로 알렐루야를 노래합니다. 사순 시기에는 알렐루야를 다른 환호송으로 대신합니다. 복음 환호송이 시작되면, 입당 행렬 후에 한 것처럼 향로 복사와 향 복사는 주례자에게 가서 향과 향로를 내밉니다. 주례자가 향 그릇에서 숟가락으로 향을 퍼서 향로에 넣으면, 향로 복사는 향로의 뚜껑을 닫고 향 복사와 함께 주례자보다 앞장서서 독서대로 갑니다. 향로 복사와 향 복사는 독서대 양옆에서 서로를 바라보는 자세로 마주 섭니다. 독서대 앞에 선 주례자가 신자들에게 인사한 다음, 오른손 엄지손가락으로 복음집, 이마, 입술, 가슴에 차례로 십자 표시를 합니다. 그리고 주례자는 향로 복사에게서 향로를 받아 복음집에 분향을 한 후에 향로 복사에게 다시 돌려 준 다음 복음을 선포합니다. 주례자의 복음 선포가 끝나면, 향로 복사와 향 복사는 자기 자리로 돌아갑니다.

　주례자는 복음 선포를 마친 다음 강론을 합니다. 이때, 복사단을 포함한 모든 신자는 지리에 앉아 주례자의 강론에 귀를 기울입니다. 주례자가 강론을 마치고 주례석으로 돌아가 앉으면, 모두가 잠시 침묵하면서 주님의 말씀과 주례자의 강론을 되새기는 시간을 가집니다. 주례자가 자리에서 일어나 제대 앞으로 가면, 모두 자리에서 일어나 '사도신경'이나 '니케아 콘스탄티노폴리스 신경'을 외우면서 예수님이 성령으로 인하여 동정 마리아에게서 육신을 취하시어 사람이 되셨음을 기억하는 부분에서는 깊은 절을 하며 신앙 고백을 합니다. 신앙 고백이 끝나면 신자들의 기도라고도 불리는 보편 지향 기도를 바칩니다.

성찬 전례 순서

예물 준비

- 봉헌 성가
- 제대와 예물 준비
- 예물 준비 기도
- 예물 기도

감사 기도

- 감사송
- 거룩하시도다
- 성령 청원: 축성 기원
- 성찬 제정과 축성문
- 신앙의 신비여
- 기념과 봉헌
- 성령 청원: 일치 기원
- 전구
- 마침 영광송

영성체 예식

- 주님의 기도
- 평화 예식
- 빵 나눔
- 하느님의 어린양
- 영성체 전 기도
- 영성체
- 성체 성가
- 감사 침묵 기도
- 영성체 후 기도

성찬 전례

엠마오로 가던 두 제자는 예수님이 성경 말씀을 풀이해 주시는 것을 들은 다음에도 곧바로 그분을 알아보지 못했습니다. 조금 더 시간이 지나서 예수님이 식탁에 앉아 그들에게 빵을 떼어 나누어 주실 때 비로소 그분을 알아보았습니다. 마찬가지로 우리도 미사의 두 번째 부분인 성찬 전례 없이 말씀 전례만으로는 예수님을 온전히 만나고 그분과 하나 될 수 없습니다. 미사의 두 번째 부분인 성찬 전례는 십자가 위에서 희생하시어 우리에게 내어주신 그리스도의 몸을 통해 예수님의 은총에 집중하도록 이끕니다. 오직 이 파스카 은총을 깨달을 때에만 미사에서 이루어지는 나눔의 기쁨이 생겨날 수 있습니다.

성찬 전례 때 주례자가 빵과 포도주를 축성하는 감사 기도를 바치면 성령은 빵과 포도주를 예수님의 몸과 피로 바꾸어 주십니다. 이 과정을 거쳐 예수님은 성체와 성혈을 통해 우리 가운데 현존하십니다. 이런 까닭에 성찬 전례는 미사의 중심입니다. 성찬 전례 동안 주례자가 하느님께 바치는 길고 아름다운 감사 기도는, 우리를 구원하시는 하느님의 은총에 감사드리고 교회와 온 세상을 하느님께 맡기면서 생명의 양식을 청하기 위한 것입니다.

성찬 전례는 크게 세 부분으로 나뉩니다. 곧 예물 준비, 감사 기도, 영성체 예식으로 구분되는 것입니다. 마치 어머니가 집에서 음식을 준비할 때 요리 재료가 필요하듯이 예수님도 위대한 기적을 행하시기 위해 우리 봉헌물들이 필요하십니다. 그래서 그분께 우리의 노동으로 얻은 봉헌물인 빵과 포도주를 봉헌합니다. 이 봉헌물은 완벽하게 변화될 것이고 우리는 그분의 희생 제사에 참여하게 됩니다. 주례자는 우리 모두의 이름으로 하느님께 빵과 포도주를 봉헌한 다음, 감사 기도를 통해 이 제물을 예수님의 몸과 피로 변화시켜 달라고 성령을 청합니다. 왜냐하면 성령은 그분의 몸과 피라는 선물을 통하여 예수님의 죽음과 부활의 신비를 여기에서 지금(라틴어, hic et nunc) 다시 드러내기 때문입니다. 그리스도가 우리를 위해 준비하신 이 빛나는 잔치에 참여한 우리는 영성체를 통하여 그분과의 일치로 향하는 여정, 곧 그분에 의해 양육되고 그분과 한 몸이 되도록 응답해야 합니다.

성찬 전례에서의 봉사

예물 준비 예식은 봉헌 성가로 시작합니다. 봉헌 성가를 부르는 동안 제대에서 예물 준비가 이루어집니다. 초대 교회 시절에는 신자들이 전례에서 축성할 빵과 포도주를 집에서 가져다 봉헌했지만, 오늘날에는 교회에서 제병과 포도주를 미리 준비해 둡니다. 따라서 신자들은 빵과 포도주를 봉헌하는 마음으로 가난한 사람들과 교회를 위해 금전이나 다른 예물을 봉헌합니다. 신자들이 예물을 봉헌하는 동안, 시종 복사들은 주수대에 준비된 성작, 성반, 제병이 든 성합을 제대 위에 올려놓습니다.

시종 복사들은 제대 위에 필요한 성구(성작, 성반, 성합)를 주수대에서 가져다 놓은 다음, 제대에서 예물을 준비하는 주례자를 돕습니다. 먼저 시종 복사들은 주수대에서 포도주병과 물병을 가져다 주례자에게 건넵니다. 주례자는 성작에 포도주를 따르고 물을 몇 방울 섞습니다. 시종 복사들은 주례자에게서 포도주병과 물병을 받아 수수대에 가져다 놓고 대기합니다. 이때 제대에서 주례자는 대제병이 놓인 성반과 포도주가 담긴 성작을 차례로 들고 예물 준비 기도를 바칩니다. 주례자가 예물 준비 기도를 마치면, 향로 복사와 향 복사는 주례자에게 가서 향과 향로를 내밉니다. 주례자가 향을 향로에 넣으면, 향로 복사는 향로를 주례자에게 건넵니다. 주례자가 예물과 제대에 분향하고 나서 향로를 향로 복사에게 돌려주면, 향로 복사는 수례자를 마주 보고 선 채로 주례자를 향해 분향한 다음, 제대 앞쪽으로 나가 신자들을 향해서도 분향하고 자기 자리로 돌아갑니다. 향로 복사가 주례자에게 분향을 하고 제대 앞쪽으로 나갈 때, 향 복사는 지기 자리로 돌아오고 시종 복사들은 물그릇과 주수 수건을 들고 주례자에게 갑니다. 주례자가 손을 씻고 주수 수건으로 닦고 나면, 시종 복사들은 자기

자리로 돌아갑니다. 주례자가 예물 기도를 바치기 직전에 모든 신자는 자리에서 일어섭니다. 예물 기도는 예물 준비 예식을 마무리하면서 감사 기도를 준비하는 기도입니다.

예물 준비가 끝나면 미사에서 가장 중요한 부분, 곧 감사와 축성의 기도를 바치는 **감사 기도**가 시작됩니다. 감사 기도의 첫 부분은 하느님 아버지께 영광을 드리는 동시에 특별한 감사를 표현하는 감사송입니다. 이때에 공동 집전자들은 제대에 가까이 다가갑니다. 그리고 필요하다면 복사들은 공동 집전을 위한 소책자를 그들에게 가져다줄 수 있습니다. 감사송은 '거룩하시도다'라는 환호송으로 마무리합니다. 모든 신자는 '거룩하시도다'를 노래하거나 외우면서, 하늘과 땅 위에 가득히 드러난 하느님의 영광을 찬양하고 우리의 구세주이며 왕으로 오신 예수 그리스도를 찬미합니다. '거룩하시도다'가 끝나면 주례자를 제외한 모든 신자는 장궤틀에 무릎을 꿇습니다. 장궤틀이 없다면 그냥 서 있습니다. 이때 향로 복사와 향 복사는 두 명 또는 여섯 명의 초 복사와 함께 제대 앞쪽 한가운데로 가서 제대를 향해 무릎을 꿇고 대기합니다.

이어서 빵과 포도주를 축성하는 예식이 거행되는데, 주례자는 예물을 축성하기 전에 먼저 예물 위에 안수하고 십자가를 그으면서 성령 청원 기도문을 바칩니다. 이는 성령이 예물을 거룩하게 해 주시기를 청하는 기도입니다. 이때 복사는 종을 칠 수 있습니다. 그리고 주례자는 예수님의 명령에 따라 그분이 마지막 만찬 때에 하셨던 말씀과 동작을 반복하면서, 예물을 축성하는 성찬 제정과 축성문을 바칩니다.

시종 복사가 종을 치는 것은 주례자가 성령 청원 기도문을 바치면서 예물 위에 십자가를 그을 때, 그리고 성찬 제정과 축성문을 바치면서 빵과 포도주를 들어 올릴 때입니다. 종을 치는 것은 지금이 매우 중요하고 거룩한 순간임을 알리면서 신자들이 마음을 집중하도록 하기 위한 것입니다. 주례자가 축성문을 외운 다음, 신자들을 향해 제병과 성작을 들어 올릴 때, 제대 앞쪽 중앙에서 무릎을 꿇고 대기하던 향로 복사는 제병과 성작을 향해 세 번씩 세 차례 분향을 합니다. 축성문이 끝나면 주례자의 선창으로 모두가 '신앙의 신비여'를 노래합니다. 이때 향로 복사와 향 복사는 자기 자리로 돌아갑니다.

'신앙의 신비여'가 끝나면 주례자는 기념과 봉헌, 성령 청원, 전구 순서로 기도를 합니다. 감사 기도는 마침 영광송으로 마무리되는데, 이때 주례자가 양손에 성작과 성반을 들고 성부와 성자와 성령께 영광과 찬미를 드리는 기도를 바치면, 모든 신자는 "아멘."이라고 응답합니다.

감사 기도가 끝나면 **영성체 예식**이 이어집니다. 주례자는 주님의 기도와 함께 영성체 예식을 시작합니다. 평화의 인사 때 복사들은 먼저 주례자와 인사를 나누고 그 후에 서로 인사를 합니다. 그리고 주례자가 축성된 대제병, 곧 성체를 쪼개는(빵 나눔) 동안 모든 신자는 하느님께 자비와 평화를 청하는 기도, 곧 '하느님의 어린양'을 노래하거나 외웁니다. 주례자는 혼자서 조용히 영성체 전 기도를 바치고 성체와 성혈을 향해 깊이 절한 다음 신자들을 향해 성체를 들어 보이면서 영성체에 초대합니다. 신자들은 이 초대에 응답한 다음, 차례로 나와서 성체를 받아 모십니다. 신자들이 성체를 받아 모시는 동안 성가대는 성체 성가를 부릅니다. 성체를 받아 모실 때는, 사제에게 오른손을 밑에 바친 채로 왼손을 내밉니다. 그리고 사제가 "그리스도의 몸."이라고 말하면, "아멘."이라고 응답합니다. 사제가 왼손바닥에 성체를 올려 주면 한두 발짝 옆으로 나온 다음, 오른손으로 성체를 집어 입에 넣고 자기 자리로 돌아갑니다. 손 대신 입으로 성체를 받아 모실 수도 있습니다. 이 경우에는 사제 앞에서 "아멘."이라고 응답한 다음 입을 벌리면 사제가 성체를 입속에 넣어 줍니다. 성체는 예수님의 몸이기 때문에 조용히 경건한 마음으로 받아 모셔야 합니다. 그

리고 사제에게 받은 즉시 그 자리에서 영해야 합니다. 절대 집이나 다른 곳으로 가져가서는 안 됩니다. 예수님의 성체를 모셔 두기에 합당한 곳은 성당 감실뿐입니다.

성체 분배가 끝나고 주례자가 제대로 되돌아와 성작 수건으로 성반과 성합에 남은 성체 조각들을 성작에 모을 때, 시종 복사는 물병을 들고 주례자 옆에 가서 대기합니다. 주례자가 시종 복사에게 성작을 내밀면, 시종 복사는 성작에 물을 따릅니다. 시종 복사는 물병을 주수대에 가져다 놓은 다음, 다시 제대로 가서 주례자가 닦아 놓은 성작과 성합도 가져다 주수대로 옮겨 놓습니다.

영성체 예식이 끝나면 모두 자리에 앉아 감사 침묵 기도를 잠시 바칩니다. 우리에게 당신의 몸을 생명의 양식으로 주신 주님의 은혜에 감사의 기도를 바치는 시간입니다. 그런 다음 주례자는 영성체 후 기도로 영성체 예식을 마무리합니다. 주례자가 영성체 후 기도를 바치기 위해 "기도합시다."라고 말하면, 모든 신자는 자리에서 일어섭니다.

마침 예식

영성체 후 기도로 성찬 전례가 마무리되지만, 기도가 끝나자마자 서둘러 자리를 떠나는 것은 좋지 않습니다. 그

마침 예식 순서
- 강복
- 파견
- 파견 성가

래서 우리는 예수님과 우리의 행복한 만남에 어울리도록 마침 예식으로 미사를 마무리합니다. 우리는 이 예식을 통해 예수님께 인사하고 그분의 축복을 받게 됩니다.

마침 예식에서의 봉사

영성체 후 기도 다음에 주례자는 짧은 마무리 인사와 공동체를 위한 공지 사항을 할 수 있습니다. 복사들은 이때에 제단의 한쪽에서 초 복사, 십자가 복사, 향로 복사와 함께 퇴장 행렬을 준비합니다. 퇴장 행렬은 입당 행렬과 동일하게 향로 복사와 향 복사, 십자가 복사, 초 복사 두 명, 시종 복사 두 명, 성경을 든 전례 봉사자, 주례자 순서로 이루어집니다.

주례자의 강복과 파견이 끝나면, 모든 신자가 파견 성가를 부릅니다. 신자들이 파견 성가를 부를 때, 주례자는 제대에 입을 맞추거나 허리를 숙여 인사를 하고 복사들과 함께 제의방으로 퇴장합니다.

제의방으로 퇴장한 주례자와 복사들은 그곳에 있는 십자가를 향해 인사를 한 다음, 서로 끝인사를 나눕니다. 복사들은 주례자 앞에 무릎을 꿇거나 서 있는 상태에서 축복의 안수를 받기도 합니다.

그 뒤, 복사들은 주례자가 전례복을 벗는 것을 돕습니다. 그리고 주례자가 제의방에서 나가면, 제대의 촛불을 끄고 주수대에 있는 성작과 성합을 비롯한 성구들을 제의방에 가져다 놓습니다. 정리가 모두 마무리되면 복사복을 벗어 정리한 다음 집으로 돌아갑니다.

8. 다른 성사들

우리는 앞에서 미사에 대해서 알아보았습니다. 그런데 이제부터는 미사보다는 적은 횟수지만, 교회와 다른 신자들에게 중요한 다른 성사들에 대해 살펴보려고 합니다. 전례 봉사자는 이 성사들에 대해서도 알아야 합니다.

성체성사와 함께 세례성사와 견진성사를 입문 성사라고 합니다. 누구든지 그리스도인이 되려면 세례성사, 견진성사, 성체성사를 차례로 받아야 하기 때문입니다. 하느님은 이 세 가지 성사를 통해 우리를 변화시키고 그리스도를 닮게 하시며 교회에 속한 사람이 되게 하십니다. 그런데 우리나라에서는 세례성사를 받은 다음 곧바로 견진성사를 받지 않습니다. 견진성사는 본래 주교만 집전할 수 있는 성사이기 때문입니다. 하지만 세례성사가 있는 본당마다 주교가 방문하여 견진성사를 집전하는 것이 어려운 현실이기 때문에, 주교의 일정과 본당 사정을 고려하여 나중에 따로 견진성사를 거행할 날을 정합니다.

예수님은 우리가 힘겨운 시기를 이겨 나갈 수 있도록 치유의 성사를 마련해 주셨습니다. 우리 그리스도인들에게 이 얼마나 큰 은총입니까! 따라서 우리가 죄를 지어 마음이 아플 때는 고해성사를 통해 예수님께 치유의 은총을 청하고, 큰 병이 들어 몸이 아플 때는 병자성사를 통해 치유의 은총을 청하면 됩니다.

마지막으로 성품성사와 혼인성사가 있는데, 이 두 성사는 공동체를 위한 것이거나 공동체를 이루게 하는 것이라서 일치의 성사라고 부릅니다. 성품성사는 예수 그리스도를 대리하여 그분의 양 떼인 신자들(교회 공동체)을 보호하고 이끌어야 하는 주교와 사제, 부제를 축성하는 성사입니다. 혼인성사는 한 남자와 한 여자를 하나의 공동체로 일치하게 하는 성사입니다.

세례성사

그리스도인의 삶은 세례성사와 함께 시작됩니다. 우리는 세례성사를 통해 모든 죄를 용서받고 하느님의 자녀가 되며 '교회'라는 새 가족을 얻습니다.

세례성사는 받는 사람의 나이에 따라 유아 세례 예식과 어른 세례 예식으로 구분됩니다. 유아 세례와 어른 세례는 죄를 용서받고 하느님의 자녀가 되는 효과는 동일하지만, 세례를 받는 사람의 신앙 고백 형식에 차이가 있습니다. 곧 어린이는 아직 교리를 잘 알지 못하고 스스로 신앙을 고백할 수준이 안 되기 때문에, 부모와 대부모가 어린이를 대신해서 신앙을 고백합니다. 이와 달리, 어른 세례는 세례를 받는 사람이 직접 신앙 고백을 합니다.

　유아 세례 예식은 미사 중에 거행할 수도 있고 미사 없이 따로 거행할 수도 있습니다. 유아 세례 예식은 네 부분으로 구성되어 있습니다. 첫 번째 부분은 받아들이는 예식으로, 새로운 가족으로 들어옴을 강조하기 위해서 성당 입구에서 인사하고, 세례명과 부모·대부모의 협력에 대해서 질문하며, 십자 표시를 한 후 입당하는 순서로 구성되어 있습니다. 그러나 우리나라에서는 대개 이미 성당에 들어온 상태에서 거행을 합니다. 두 번째 부분은 말씀 전례로, 성경 말씀을 듣는 시간이며 독서대에서 거행할 수 있습니다. 세 번째 부분은 세례 예식입니다. 세례 예식은 세례소에서 거행되는 예식으로 이 성사의 근본적이며 중심 부분입니다. 우리나라에서는 대부분의 성당에 세례소가 없어서 보통 제대 앞

에서 거행합니다. 그리고 마지막 부분은 마침 예식입니다. 마침 예식은 대부분 제대 앞에서 거행되며, 주님의 기도와 강복, 그리고 파견으로 이루어져 있습니다.

유아 세례 예식을 미사 중에 거행할 경우에는 유아를 받아들이는 예식을 미사 시작 때 거행하고, 그 대신 미사의 인사와 참회 예식을 생략합니다《유아 세례 예식》 일러두기 29항 1조 참조) 그리고 말씀 전례는 미사의 말씀 전례로 대체하며, 기본적으로는 주일 독서들을 하지만 세례에 관계된 독서들을 사용할 수도 있습니다《유아 세례 예식》 일러두기 29항 2조 참조). 세례 예식은 사제의 강론이 끝난 다음 거행합니다. 세례 예식 다음에는 미사의 성찬 전례가 이어집니다. 세례 예식의 마침 예식도 미사의 마침 예식으로 대체하는데, 이때 사제는 세례를 받은 이들을 위해 장엄 강복을 할 수 있습니다.

여기에서는 미사 없이 거행하는 유아 세례 예식에 대해 설명하겠습니다.

세례성사를 위한 준비
제의방

전례 담당 수녀님이나 제대회 봉사자가 없을 경우, 복사는 세례성사를 집전할 사제의 전례복을 준비합니다. 세례성사를 집전하는 사제는 기본적으로 개두포, 장백의, 띠, 영대, 카파를 착용하지만 간단하게 수

8. 다른 성사들 137

단 위에 중백의와 영대를 착용하기도 합니다. 그리고 세례 예식서와 세례성사에 필요한 성구들과 용품들을 준비합니다. 입당 행렬에서 필요하다면 행렬용 십자가와 초도 준비합니다. 그리고 세례 예식에서 사용할 무선 마이크도 잊지 않습니다.

독서대

말씀 전례를 위해 독서집을 준비합니다. 독서자와 주례자가 읽을 부분을 찾기 쉽게 표시해 둡니다.

주수대

세례 예식에서 사용할 예비 신자 성유와 축성(크리스마) 성유, 흰옷과 초, 세례수로 축성할 물과 주전자 그리고 사제가 기름 바르는 예식을 한 후 손을 씻을 수 있도록 물그릇, 비누, 수건도 준비합니다. 세례수는 아무것도 섞이지 않은 깨끗한 생수를 준비합니다. 부활 시기에 세례성사를 거행할 경우에는 파스카 성야 미사 때 축성한 세례수를 사용합니다. 그렇지 않은 경우에는 세례수를 축성해서 사용하기 때문에, 부활초를 준비합니다. 사제가 세례를 받는 사람의 이마에 물을 부을 때, 그 물을 받기 위해 사용할 빈 그릇과 이마를 닦아 줄 마른 수건도 준비합니다.

세례성사 순서

받아들이는 예식

- 입당 성가
- 인사
- 사제, 부모, 대부모의 대화
- 이마에 십자 표시 긋기

말씀 전례

- 복음
- 강론
- 보편 지향 기도
- 성인 호칭 기도
- 구마 기도
- 예비 신자 성유 도유
- 안수

세례 예식

- 세례수 축성
- 악령과 죄를 끊어 버림
- 신앙 고백
- 세례식
- 축성 성유 도유
- 흰옷 입힘
- 촛불 켜 줌
- 에파타 예식

마침 예식

- 주님의 기도
- 강복과 파견
- 파견 성가

제대

촛불을 켜고 세례 예식서와 마이크를 준비합니다.

세례성사에서의 봉사

　입당 행렬이 있는 경우, 복사들은 복사복으로 갈아입고 행렬 준비를 합니다. 사제가 전례복을 차려입고 모든 것이 준비되면, 입당 성가와 함께 복사들과 사제가 받아들이는 예식을 하는 곳까지 행렬을 합니다. 행렬은 십자가 복사, 초 복사 두 명, 시종 복사 두 명, 주례자 순으로 이어집니다. 성당 입구에서 받아들이는 예식을 거행할 경우, 시종 복사 가운데 한 명은 세례 예식서를 들고 다른 한 명은 무선 마이크를 들고 입당합니다.

　받아들이는 예식을 거행한 후 복사들과 주례자는 제단 앞으로 행렬해 간 다음, 제대에 인사하고 주례석에 자리 잡습니다. 십자가 복사와 초 복사들은 십자가와 초를 제의방에 가져다 놓고 자기 자리에서 대기합니다. 사제가 주례석에 앉으면 곧바로 말씀 전례가 시작됩니다. 사제가 복음을 선포하고 강론을 하고 나면, 신자들이 보편 지향 기도를 바칩니다. 보편 지향 기도 후에는 성인 호칭 기도와 구마 기도(주님이 세례받는 이들의 원죄를 용서해 주시고 성령의 성전이 되게 해 주시라고 청하는 기도)를 바칩니다. 그런 다음 곧바로 예비 신자 성유 도유와 안수가 이어집니다. 이때 복사는 예식에 차질이 없도록 미리 예비 신자 성유를 준비합니다. 그리고 사제가 도유 후에 손을 씻을 수 있도록 손 씻을 물과 비누, 수건을 준비합니다.

안수가 끝나면 세례 예식이 시작됩니다. 성당 안에 세례소가 있는 경우에는 세례소에 가서 세례 예식을 거행합니다. 그렇지 않은 경우에는 예비 신자 성유 도유와 안수가 이루어진 자리에서 세례 예식도 거행합니다. 세례수 축성, 악령과 죄를 끊어 버림, 신앙 고백이 진행되는 동안 복사들은 사제 옆에서 예식서와 무선 마이크를 들고 시중을 듭니다. 이때 다른 복사들은 세례식에서 사용할 물 주전자와 빈 그릇과 수건을 가져와 사제 옆에서 대기합니다. 물 주전자는 세례식을 거행하는 사제에게 건넵니다. 사제가 세례받는 사람의 이마에 물을 부으면서 세례식을 거행할 때, 복사 한 사람은 빈 그릇을 이마 아래에 받치고 다른 한 사람은 수건으로 세례를 받은 사람의 이마를 닦아 줍니다.

세례식이 진행되는 동안, 다른 복사들은 축성 성유 도유를 위해 축성 성유를 준비합니다. 그리고 도유 후 사제가 손을 씻을 수 있도록 물그릇과 비누와 수건을 준비합니다. 축성 성유 도유가 끝나면 곧바로 흰옷 입히는 예식과 촛불 켜 주는 예식이 이어집니다. 복사들은 이 두 예식을 위해서도 미리 흰옷과 초를 준비합니다. 흰옷과 촛불은 우리의 구원을 위해 죽음을 이기고 부활하신 그리스도를 상징합니다. 세례 예식은 에파타 예식으로 마무리됩니다. '에파타'는 "열려라."라는 뜻입니다. 사제는 엄지손가락으로 세례를 받는 사람의 양쪽 귀와 다문 입술을 만지며 주님의 말씀을 듣고 선포할 수 있도록 은총을 내려 달라고 기도합니다.

사제는 마침 예식을 제대에서 진행합니다. 다 함께 주님의 기도를 바친 다음, 사제는 세례식에 참석한 모든 이에게 강복을 주고 파견합니다. 신자들이 파견 성가를 시작하면 사제와 복사단은 제의방으로 퇴장합니다.

견진성사

견진성사는 주교가 집전하며 미사 중에 거행합니다. 말씀 전례에서 주교의 강론이 끝나면, 곧바로 견진성사 예식이 이어집니다.

견진성사를 위한 준비
주수대
견진성사 예식서, 축성 성유, 손 씻을 물과 비누, 수건을 준비합니다.

견진성사에서의 봉사
주교는 강론 후에 견진성사의 의미를 설명하는 훈시를 합니다. 훈시를 따로 하지 않고 강론으로 대체할 수도 있습니다. 그럴 경우에

는 강론 다음에 곧바로 세례 서약 갱신과 안수가 이어집니다. 이때 복사는 주수대에서 축성 성유를 가지고 와서 주교 옆에서 대기합니다. 복사 대신 부제나 사제가 축성 성유를 가져다 준비하기도 합니다. 주교의 안수 기도가 끝나면, 축성 성유를 주교에게 건넵니

> **견진성사 순서**
> - 훈시
> - 세례 서약 갱신
> - 안수
> - 축성 성유 도유
> - 보편 지향 기도

다. 주교는 축성 성유를 받아 견진성사 대상자들의 이마에 차례로 기름을 바릅니다. 이 예식을 통해 견진성사 대상자들은 그리스도의 참다운 제자로 축성됩니다. 견진성사 예식의 핵심 부분은 안수와 축성 성유 도유입니다.

축성 성유 도유가 끝나면, 주교가 손을 씻을 수 있도록 복사들이 손 씻을 물과 비누와 수건을 가져옵니다. 주교가 손을 씻고 수건으로 닦은 다음 제대 앞으로 나오면, 신자들이 보편 지향 기도를 바칩니다. 보편 지향 기도가 끝나면, 성찬 전례가 이어집니다.

고해성사

우리는 죄를 용서받기 위해 사제에게 고해성사를 청합니다. 우리가 사제를 통해 예수님 앞에서 죄를 고백하고 용서의 은총

을 청하면, 예수님은 아무 조건 없이 우리의 죄를 용서해 주십니다. 이처럼 용서의 은총을 가져다주는 고해성사는 우리가 개인적으로 사제와 단둘이서 비공개로 거행하는 성사입니다. 따라서 고해성사가 이루어지는 동안 복사가 봉사해야 할 일은 없습니다. 우리는 보통 큰 잘못을 저질러 양심에 가책을 느끼면 그때마다 사제에게 가서 고해성사를 청합니다. 그런 경우 외에도 장엄하고 공동체적인 형태로 이 성사를 거행할 수 있습니다.

우리는 적어도 일 년에 두 번, 대림 시기와 사순 시기에 판공성사로 고해성사의 의무를 다합니다. 예수님의 성탄과 부활 축제를 깨끗한 마음으로 기쁘게 맞이하기 위한 것입니다. 이와 같은 판공성사 때에는 신자들이 정해진 날에 본당에 모여 함께 참회 예절을 거행하며 고해성사를 보기도 합니다. 참회 예절은 시작 예식과 말씀 전례로 구성되어 있습니다. 시작 예식은 고해성사를 위해 모인 신자들이 차분하게 준비하도록 하기 위한 것입니다.

시작 예식 다음에는 말씀 전례가 거행됩니다. 말씀 전례에서는 하느님의 용서와 자비를 드러내는 성경 말씀이 우리에게 선포되고 그 말씀을 설명하는 주례자의 강론이 이어집니다. 주례자의 강론이 끝나면 신자들은 양심 성찰을 하는데, 조용히 침묵하면서 자신의 잘못을 반성하고 다시는 죄를 짓지 않겠다고 다짐합니다. 양심 성찰이 끝나면 고해소에서 개별적으로 고해성사를 봅니다. 모

고해성사를 위한 참회 예절 순서

시작 예식
- 입당 성가
- 인사
- 예식 소개
- 기도

말씀 전례
- 독서
- 화답송
- 복음
- 강론
- 양심 성찰

고해성사

마침 예식
- 강복
- 파견
- 파견 성가

든 신자가 고해성사를 마치면, 주례자는 참회 예절의 마침 예식을 진행합니다. 이때 마침 예식은 고해성사 전에 하기도 합니다.

고해성사를 위한 참회 예절 준비

제의방

전례 담당 수녀님이나 제대회 봉사자가 없을 경우, 복사는 참회 예절 주례자의 전례복을 준비합니다. 참회 예절에 필요한 주례자의 전례복은 기본적으로 개두포, 장백의, 띠, 보라색 영대입니다.

8. 다른 성사들

독서대

말씀 전례를 위해 독서집을 준비합니다. 독서자와 주례자가 읽을 부분을 찾기 쉽게 표시해 둡니다

제대

촛불을 켜 놓고 시작 예식에 필요한 예식서를 펼쳐 놓습니다.

고해소

신자가 들어가는 방과 사제가 들어가는 방에 고해성사 순서와 기도문을 적은 간략한 예식서를 준비합니다. 사제가 들어가는 방에는 보라색 영대를 준비합니다.

고해성사를 위한 참회 예절에서의 봉사

복사들은 제의방에서 복사복으로 갈아입은 다음 입당을 준비합니다. 주례자가 전례복을 입고 신자들이 입당 성가를 부르면 복사들이 앞장서서 주례자와 함께 입당합니다. 주례자는 제대에 인사한 다음 입당 성가가 끝나면 시작 예식을 거행합니다.

말씀 전례는 미사와 동일한 방식으로 진행됩니다. 양심 성찰이 끝나면 신자들이 개별적으로 고해성사를 봅니다. 그동안 복사들은 제의방이나 성당 앞쪽 자리에 앉아 조용히 기도하면서 대기합

니다. 필요하다면 복사들이 신자들을 고해소로 안내하는 일을 할 수도 있습니다.

신사들이 고해성사를 마치고 모두 자리로 돌아오면, 주례자는 복사들과 함께 제단으로 가서 마침 예식을 거행합니다. 마침 예식은 강복과 파견으로 이루어집니다. 신자들이 파견 성가를 부를 때, 복사들과 주례자는 제의방으로 퇴장합니다. 앞에서 설명했듯이 대기 시간이 길어지는 경우 마침 예식을 한 뒤에 고해성사를 보기도 합니다.

병자성사

예전에는 병자성사를 '종부성사'라고 부르기도 했습니다. 종부성사는 '죽기 직전에 받는 성사'라는 뜻입니다. 그러나 병자성사는 죽음을 앞둔 사람뿐 아니라 큰 병에 걸렸거나 큰 수술을 앞둔 사람 또는 나이가 많이 들어 기운을 차리기 어렵거나 거동이 힘든 사람도 볼 수 있는 성사입니다. 우리는 이러한 병자성사를 통해, 그리스도가 고통 중에 있는 이와 함께하시면서 그에게 필요한 치유와 긴강을 주시고 모든 아픔과 어려움을 이겨 내도록 이끌어 주십사 기도합니다.

병자성사는 개인적으로 또는 여럿이 함께 집이나 병원, 성당에서 받을 수 있습니다. 그리고 미사 중에도 병자성사를 거행할 수 있습니다. 여기서는 여럿이 함께 성당에서 병자성사를 받는 경우에 필요한 사항을 설명하겠습니다.

병자성사를 위한 준비

제의방

전례 담당 수녀님이나 제대회 봉사자가 없을 경우, 복사가 주례자의 전례복을 준비합니다. 주례자의 전례복은 기본적으로 개두포, 장백의, 띠, 흰색 영대, 흰색 카파입니다. 또는 단순하게 수단 위에 중백의, 흰색 영대를 입을 수도 있습니다. 입당 때 십자가와 촛불을 들고 행렬을 할 계획이라면, 행렬용 십자가와 촛불도 준비합니다.

제대

촛불을 켭니다.

병자성사 예식 순서

시작 예식
- 입당 성가
- 인사
- 성수 예식
- 권고
- 고백 기도

도유 예식
- 성인 호칭 기도
- 안수
- (성유가 없는 경우) 성유 축성
- 도유
- 기도

말씀 전례
- 독서
- 화답송
- 복음 환후송
- 복음
- 강론

마침 예식
- 주님의 기도
- 강복
- 파견

주수대

병자 성유와 손 씻을 불, 비누, 수건을 준비합니다.

독서대

말씀 전례를 위해 독서집을 준비합니다. 독서자와 주례자가 읽을 부

8. 다른 성사들

분을 찾기 쉽게 표시해 둡니다.

신자석
맨 앞자리는 병자성사를 받을 사람들이 앉을 수 있도록 비워 둡니다.

병자성사에서의 봉사
제의방에서 주례자와 복사들이 전례복을 입은 후 입당 준비가 끝나고 시간이 되면 입당 성가와 함께 시작 예식이 시작됩니다. 행렬은 십자가 복사, 초 복사 두 명, 시종 복사 두 명, 주례자 순서로 이루어집니다. 십자가 복사와 초 복사는 제대 앞에서 인사한 후 십자가와 초를 제의방에 가져다 놓고 자기 자리로 가서 기다립니다. 시종 복사들은 주례자와 함께 제대를 향해 인사한 다음 주례자를 따라 제단으로 올라갑니다. 주례는 제대 한가운데로 가서 신자들에게 인사한 다음 성수 예식을 진행하고 이 성사를 통하여 그리스도의 수난과 부활에 동참하기를 권고한 다음, 신자들과 함께 고백 기도를 바칩니다.

말씀 전례는 미사 때와 동일합니다. 그러나 강론이 끝난 뒤에는 주례자가 병자성사를 받는 이들에게 기름을 바르는 예식, 곧 도유 예식을 거행합니다. 먼저 모두 함께 성인 호칭 기도를 바친 다음, 주례자가 병자성사를 받는 이들에게 차례로 안수합니다.

그리고 곧바로 도유(병자의 이마와 두 손에 기름을 바름)가 이어지는데, 병자 성유가 준비되어 있지 않은 경우에는 먼저 주례자가 도유에 사용할 기름을 축성해야 합니다. 도유가 끝나면 복사들은 주례자가 손을 씻을 수 있도록 물, 비누, 수건을 가져옵니다. 주례자는 손을 씻은 다음, 병자들을 위한 기도를 바칩니다.

마침 예식은 주님의 기도, 강복, 파견의 순서로 진행됩니다. 모든 예식이 끝나면 복사들은 주례자와 함께 제의방으로 퇴장한 다음, 예식에서 사용한 모든 것을 제자리에 정리합니다.

노자 성체와 병자 영성체

노자 성체는 죽음을 앞둔 그리스도인이 이 세상에서 마지막으로 성체, 곧 예수님의 몸을 받아 모시는 성체입니다. 생명의 양식이신 예수님은 노자 성체를 통해 부활을 보증해 주시고 하늘나라를 향해 나아갈 수 있는 힘을 주십니다. 노자 성체는 사제가 미사 중 영성체 시간에 영해 줄 수도 있지만, 개인의 집이나 병원처럼 미사 밖에서 영해 줄 수도 있습니다. 그리고 죽음을 앞둔 사람이 영하는 노자 성체 외에도 병이 들거나 몸이 불편해서 성당에 갈 수 없고 미사를 봉헌할 수 없는 이들을 위한 병자 영성체도 있

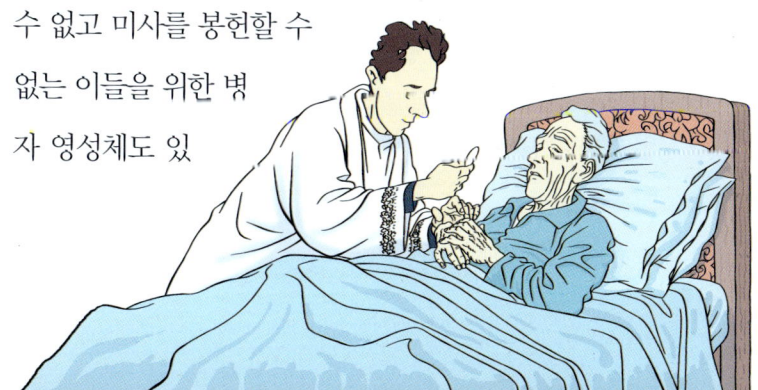

습니다. 노자 성체를 영해 주는 예식과 병자 영성체 예식은 같습니다. 여기서는 개인의 집이나 병원과 같은 곳에서 하는, 미사 밖에서 하는 영성체, 곧 병자 영성체 예식에 대해 설명하겠습니다.

병자 영성체를 위한 준비

병자 영성체를 위해 성당에서 준비하는 것

주례자가 착용할 수 있도록 개두포, 장백의, 띠, 흰색 영대를 준비합

병자 영성체 예식 순서

시작 예식

- 인사
- 성체 흠숭
- 성수 예식 또는 고백 기도
- 임종 전대사(노자 성체 때)

말씀 전례

- 독서 또는 복음
- 짧은 강론(생략 가능)
- 신앙 고백(생략 가능)
- 성인 호칭 기도(생략 가능)

병자 영성체

- 주님의 기도
- 영성체
- 기도

마침 예식

- 강복
- 파견

니다. 때로는 간략하게 흰색 영대만 착용하고 예식을 거행하기도 합니다. 그리고 병자성사 예식서, 성수통, 성체포, 성체를 모셔 가기 위한 병사 영성체 성합을 준비합니다.

병자 영성체를 거행하는 장소에서 준비하는 것
병자의 방을 잘 정리하고 성체를 올려놓을 수 있는 상을 준비합니다. 상에는 깨끗한 포를 덮고 그 위에 초를 준비합니다.

병자 영성체에서의 봉사
주례자가 병자 영성체를 거행하는 동안 복사는 주례자의 지시에 따라 필요한 도움을 주면 됩니다.

혼인성사

남자와 여자는 혼인성사를 통해 하나의 사랑 공동체를 이루고 평생 함께 살게 됩니다. 그렇게 혼인한 부부는 자녀를 낳음으로써 하느님의 창조 사업에 동참할 뿐 아니라 사랑으로 하나 된 그리스도와 교회의 일치를 상징하는 역할도 합니다.

혼인성사는 가톨릭교회 신자인 남자와 여자를 위한 것이며 특별한 이유가 없는 한 미사 중에 거행하는데 이것은 성체성사로써 새로운 삶을 위한 힘을 얻기 위해서입니다. 혼인성사의 집전자는 사제가 아니라 혼인을 하는 남자와 여자입니다. 사제는 혼인 예식의 주례로서 교회의 이름으로 남자와 여자의 동의를 받아들이고 축복하는 역할을 합니다. 따라서 사제가 없는 상황에서 부제가 주례를 서야 하는 경우처럼 특별한 상황에서는 미사 없이 말씀의 전례에서 혼인성사를 거행할 수 있습니다. 남자나 여자 한쪽이 가톨릭교회 신자가 아닐 경우에는 혼인성사를 거행하는 대신 '관면혼'을 거행합니다.

미사 중에 혼인성사를 거행할 경우에는 시작 예식 때 참회 예식 대신 거행할 혼례를 앞두고 마음을 준비하도록 하는 권고가 있습니다. 말씀 전례가 끝나면 혼인 예식이 이어집니다. 사제는 혼인 예식의 주례로서 신랑과 신부의 혼인 동의 서약을 받습니다. 혼인 예식이 끝나면 성찬 전례가 이어집니다. 영성체 예식 때 주님의 기도가 끝나면 곧바로 신랑과 신부를 축복하는 혼인 축복이 이어집니다. 나머지 예식은 다른 미사 때와 같습니다.

미사 중에 거행하는 혼인성사를 위한 준비

제의방, 제대, 독서대

모든 것을 미사 때와 동일하게 준비합니다. 독서대에는 말씀 전례를 위해 독서집을 준비하며 독서자와 주례자가 읽을 부분을 찾기 쉽게 표시해 둡니다.

미사 중에 거행하는 혼인성사 예식 순서

(…은 평상시 미사와 같은 부분)

시작 예식

- 입당 성가
- 사제와 복사 입당
- 신랑과 신부 입장
- 인사
- 혼례를 위한 마음 준비에 대한 권고
- 본기도

말씀 전례

…

혼인 예식

- 질문
- 합의
- 합의의 수용
- 반지의 축복과 교환
- 보편 지향 기도

성찬 전례

…

- 주님의 기도
- 혼인 축복
- 영성체 예식

마침 예식

- 강복
- 파견

주수대

성찬 전례에 필요한 모든 것을 준비합니다. 그리고 반지 축성 때 사용할 성수와 성수채를 준비합니다.

신자석

신랑과 신부의 자리는 맨 앞쪽 한가운데에 마련합니다. 신랑과 신부 자리 뒤쪽에는 증인 두 사람이 앉을 자리를 마련합니다. 그리고 신랑과 신부 자리 가까운 곳에 작은 상을 준비하고 그 위에 혼인 반지와 혼인 서약서를 올려놓습니다.

미사 중에 거행하는 혼인성사에서의 봉사

제의방에서 모든 것이 준비되면, 입당 성가와 함께 시작 예식이 시작됩니다. 신자들이 입당 성가를 부를 때 주례자와 복사단이 입당합니다. 주례자가 제단으로 올라가 제대 한가운데 자리 잡고 입당 성가가 끝나면, 신랑과 신부가 차례로 입장합니다.

신랑과 신부가 입장하고 나면, 다른 미사 때처럼 주례자는 신자들에게 인사를 하고 거행할 혼례를 앞두고 마음을 준비하도록 하는 권고를 하고 본기도를 바칩니다. 본기도가 끝나면 말씀 전례가 이어집니다.

강론이 끝나면 주례자는 신랑과 신부 앞으로 가서 혼인 예식을 주례합니다. 이때 복사들은 주례자 옆에서 혼인 예식서와 마이크를 들고 예식의 진행을 돕습니다. 혼인 예식은 질문, 합의, 합의의 수용, 반지의 축복과 교환 순서로 진행되는데, 이때 마이크를 든 복사는 신랑과 신부가 말하는 소리가 신자들에게 잘 들리도록 마이크를 신랑과 신부의 입 가까이에 대 주어야 합니다. 혼인 예식이 끝나면 보편 지향 기도를 바치고 주례자는 성찬 전례를 거행합니다.

성찬 전례의 영성체 예식 때 주님의 기도 다음에는 신랑과 신부를 축복하는 예식(혼인 축복)이 이어집니다. 혼인 축복은 순서를 바꾸어 반지의 축복과 교환 다음에 할 수도 있습니다. 주례자는 혼인의 주인공인 신랑과 신부에게 양형 영성체를 해 줄 수 있습니다.

마침 예식은 강복과 파견으로 이루어집니다. 신자들이 파견 성가를 부를 때, 주례자와 복사단은 제의방으로 퇴장합니다.

성품성사

교회를 위해서 주교, 사제, 부제의 직분은 중요합니다. 주님은 그분의 뜻과 그분의 방식에 따라서 교회를 보호하고 인도하는 과업을 그들에게 위임하셨습니다. 이와 같은 직분은 성품성사를 통해 수여되는데, 직분이 세 가지이기 때문

에 성품성사 예식도 세 가지로 구분됩니다. 성품성사는 미사 중 (복음 선포 후)에 거행하는데, 서품을 받은 사람은 새로 받은 직분에 따라 성찬 전례에 참여하게 됩니다. 성품성사의 핵심은 주교가 거행하는 안수와 서품 기도입니다. 주교 서품식에서는 최소한 세 명의 주교가 안수해야 합니다.

세 가지 성품성사 예식을 자세히 설명하려면 매우 복잡하고 지면이 많이 필요하기 때문에, 여기서는 간략하게 순서만 설명하겠습니다.

성품성사를 위한 준비

제의방

미사와 성품성사를 집전할 주교의 전례복(주교관과 목자 지팡이 포함)을 준비합니다. 그리고 성품성사 예식서와 무선 마이크도 준비합니다.

제대

촛불을 켜고 미사 경본을 펼쳐 놓습니다.

주수대

미사를 거행하는 데 필요한 전례 도구를 준비합니다. 성품성사를 위해서는 축성 성유(주교 서품과 사제 서품에 필요), 전례복(부제품 대상자를 위해

성품성사 예식 순서

(복음을 선포한 후 예식 시작)

주교 서품 예식

- 성령 청원 기도
- 후보자 소개
- 훈시
- 선발된 이의 서약
- 성인 호칭 기도
- 안수
- 서품 기도
- 축성 성유 도유
- 복음서 수여
- 반지, 주교관, 지팡이 수여
- 주교좌 착좌
- 평화의 인사

사제 서품 예식

- 후보자 소개
- 후보자 선발
- 훈시
- 선발된 이의 서약
- 성인 호칭 기도
- 안수
- 서품 기도
- 제의 착의
- 축성 성유 도유
- 빵과 포도주 수여
- 평화의 인사

부제 서품 예식

- 후보자 소개
- 후보자 선발
- 훈시
- 선발된 이의 서약
- 성인 호칭 기도
- 안수
- 서품 기도
- 제의 차이
- 복음서 수여
- 평화의 인사

서는 영대와 달마티카를, 사제품 대상자를 위해서는 제의를 준비함), 빵과 포도주가 담긴 성반과 성작(서품받은 사제에게 전달할 것임), 복음서(서품받은 주교나 부제에게 전달할 것임), 반지와 주교관과 목자 지팡이(서품받은 주교에게 전달한 것임), 손 씻을 물과 비누와 수건을 준비합니다.

독서대

말씀 전례를 위해 독서집을 준비합니다. 독서자와 주례자가 읽을 부분을 찾기 쉽게 표시해 둡니다.

주례석

성품성사를 집전하는 주교와 미사를 공동 집전하는 다른 주교, 사제의 자리가 부족하지 않게 준비합니다. 그리고 서품받은 이가 성찬 전례 때부터 전례를 함께 거행하기 때문에, 그들의 자리도 따로 마련합니다.

성품성사에서의 봉사

시작 예식과 말씀 전례는 장엄 미사(주교가 사제, 부제 그리고 백성들과 함께, 주례자의 고유한 전례문을 노래로 바치는 미사)와 같습니다. 따라서 복사들도 장엄 미사와 동일한 방식으로 봉사하면 됩니다.

말씀 전례에서 복음이 선포된 직후에 성품성사 예식이 거행됩니다. 성품성사 예식은 후보자 소개와 선발로 시작됩니다. 후보자를 소개하는 역할을 맡은 사람은 성품성사를 집전하는 주교에게 후보자를 소개하고 호명합니다. 이때 무선 마이크가 필요하면 복사들이 준비합니다. 후보자 소개와 선발이 끝나면 곧바로 성품성사의 주례자인 주교가 훈시를 합니다. 복사들은 주교가 훈시할 때 사용할 의자와 마이크를 미리 준비합니다. 훈시 후에는 선발된 이의 서약이 이어집니다. 주교는 후보자에게 서약할 사항들을 질문하고 후보자는 그 질문에 응답하는 방식으로 서약을 합니다. 이때 복사 두 명이 각각 성품성사 예식서와 무선 마이크를 들고 봉사합니다. 그다음으로 성인 호칭 기도가 이어지는데, 후보자들이 성당 바닥에 엎드리기 때문에 복사들은 기도 직전에 바닥에 카펫을 깝니다. 성인 호칭 기도가 끝나면, 복사들은 바닥에 깔아 놓은 카펫을 치웁니다. 그리고 안수와 서품 기도가 이어지는데, 서품 기도 때 복사 두 명이 각각 기도문과 무선 마이크를 들고 봉사합니다. 사제 서품과 부제 서품 예식에서는 서품 기도가 끝난 다음, 후보자들이 제의를 착의합니다. 그다음으로 주교 서품과 사제 서품에서는 축성 성유 도유 예식이 이어집니다. 복사들은 이 예식이 끝난 뒤 주교가 손을 씻을 수 있도록 물, 비누, 수건을 준비합니다. 그리고 주교 서품의 경우, 이어지는 예식을 위해 복음서, 주교관, 반지, 목자 지팡이를, 사제 서품의 경우에는 빵과 포도주를, 부제 서품의 경우에는 복음서를 준비합니다. 성품성사 예식은 평화의 인사로 마무리됩니다.

성품성사 예식이 끝나면 성찬 전례가 이어집니다. 사제 서품의 경우에는 복사는 새 사제에게 수여된 빵과 포도주를 받아서 제대에 가져다 놓습니다.

장엄 미사 때와 동일한 방식으로 마침 예식이 거행됩니다. 파견 성가가 시작되면 주교와 사제단이 퇴장하는데, 복사들도 입당 행렬 때와 동일한 순서로 퇴장합니다.

9. 준성사와 여러 가지 전례들

우리는 주일 미사에만 참여하는 것이 아니라 평일 미사에도 참여하고 다른 여러 성사에도 참여합니다. 그리고 일곱 성사와 비슷한 분위기를 띠는 여러 가지 준성사와 전례 예식에도 참여하여 함께 기도하고 주님을 찬미합니다. 이러한 전례에 참여하는 것은 "두 사람이나 세 사람이라도 내 이름으로 모인 곳에는 나도 함께 있겠다."(마태 18,20 참조)라고 하신 예수님의 말씀에 응답하는 행동입니다. 여기서는 그중에서도 복사들의 봉사가 필요한 장례식, 성체 강복, 가정 축복, 재의 수요일, 주님 수난 성지 주일, 성삼일 전례 등에 대해 알아보겠습니다.

장례식(고별식)

사람은 누구나 태어나면 죽음을 맞이합니다. 예수님을 믿지 않는 사람들 중에 죽음이 생명의 끝이라고 말하는 사람도 있지만, 우리 그리스도인은 죽음을 맞이하는 날이 바로 하느님을 만나는

날이고 영원한 생명이 시작되는 날이라고 믿습니다. 그렇지만 이 세상에서 사랑하는 사람과 이별하는 죽음은 매우 큰 슬픔과 아픔을 가져다줍니다. 우리는 그러한 슬픔과 아픔 속에서도, 부활하신 예수 그리스도가 이 세상 끝나는 날 모든 죽은 이를 부활하게 하시어 서로 다시 만나게 해 주시리라 확신하고 희망하면서 죽은 이를 하느님 품 안에 맡기는 '장례식'을 치릅니다. 장례식은 일반적으로 '고별식'이라고 하며 장례 미사 끝에, 곧 영성체 후 기도 뒤(마침 예식 때)에 진행됩니다.

장례 미사와 고별식을 위한 준비

제의방

평상시 미사 때와 동일하게 준비하고, 제의는 흰색, 보라색, 검정색 가운데서 선택할 수 있습니다. 성당 입구에서 죽은 이를 맞이하는 예식을 거행할 경우에는 성수와 성수채, 행렬용 십자가를 준비합니다.

장례식(고별식) 순서
- 위로의 말
- 고인을 위한 기도
- 성수 뿌림
- 분향
- 기도

제대

장례 미사 예식서와 마이크를 준비합니다.

주수대

미사에 필요한 것들을 준비합니다. 그리고 고별식에 사용하는 향과 향로, 카파를 추가로 준비합니다. 성당 입구에서 죽은 이를 맞이하는 예식을 하지 않을 경우에는 성수와 성수채도 주수대에 준비합니다.

독서대

죽은 이를 위한 미사에 사용하는 독서집 또는 전례력에 따른 그날의 독서와 복음이 담긴 독서집을 준비합니다. 그리고 부활초를 독서대 옆에 켜 놓습니다.

신자석

제단 앞쪽 신자석 중앙 통로에는 고인의 관을 실은 운구 수레가 자리 잡을 수 있도록 공간을 마련합니다. 그리고 고별식 때 고인의 관 주위에 불을 밝힐 초를 잎자리 한쪽에 준비합니다.

장례 미사와 고별식에서의 봉사

장례 미사에는 시작 예식 대신 성당 입구에서 죽은 이를 맞이

하는 예식이 있습니다. 미사 시작 시간이 되면 주례자는 복사들과 함께 성당 입구로 갑니다. 이때 십자가를 든 복사가 맨 앞에 서고 그 뒤에 성수를 든 복사가 뒤따릅니다. 주례자는 먼저 운구수레에 안치된 고인의 관을 향해 경건하게 인사합니다. 그다음 십자 성호를 긋고 신자들에게 인사한 뒤 고인을 위한 기도를 바칩니다. 주례자가 기도를 바칠 때 성수를 든 복사는 주례자 옆에서 대기합니다. 기도를 마친 주례자는 고인의 관에 성수를 뿌리고 입당합니다. 입당 후 복사들은 십자가와 성수를 정해진 자리에 놓고 제대 옆으로 가서 평소 미사와 같이 봉사합니다. 주례자는 입당 후 곧바로 본기도를 바치고 평소 미사와 같이 전례를 진행합니다.

영성체 후 기도가 끝난 다음, 주례자는 제의방에 가서 제의를 벗고 카파를 착용한 뒤 제단 아래로 가서 고별식을 진행합니다. 십자가 복사는 영정 사진을 마주 보는 자리로 가서 제대를 향해 십자가를 들고 섭니다. 다른 복사들은 성수와 성수채, 향과 향로를 준비하여 주례자 옆에서 대기합니다. 주례자는 고인의 죽음으로 슬퍼하는 유가족과 신자들을 위로하는 말을 한 다음, 고인을 위한 기도를 바칩니다. 기도 후에 주례자는 고인의 관을 향해 성수를 뿌리고 향을 칩니다. 이어서 마침 기도를 바치며 고별식을 마무리합니다.

성체 강복

역대 교황들은 그리스도인의 성체 공경이 매우 중요한 신앙 행위라는 것을 계속 강조했습니다. 그리고 성체 안에 현존하시는 예수님과 만나고 그분을 흠숭하기 위한 성체 조배, 성체 행렬, 성체 대회와 같이 성체를 공경하는 아름다운 관습이 유지되는 곳에서 기적이 일어나기도 했습니다. 하지만 어떤 형태의 성체 공경이든 그리스도교 신앙생활의 원천인 미사와 연결되어 있지 않으면 아무런 의미도 갖지 못합니다. 즉 미사에 참례하여 예수님의 성체를 받아 모시고 그분과 하나 되는 기쁨을 맛보지 않고 하느님을 찬미하지도 않는 사람이 성체를 공경한다는 것은 어불성설입니다.

성체 강복도 성체 공경 행위 가운데 하나입니다. 일반적으로 성체 강복 예식은 성체 현시, 성체 조배, 하느님의 말씀을 듣고 찬미 노래를 부르고 묵상하는 시간, 강복, 하느님 찬미 순서로 진

행됩니다. 성체 안에는 예수님이 실제로 현존하시기 때문에, 성체를 현시하고 조배할 때 최고의 경외심을 표현해야 합니다. 따라서 주례자는 존경과 예의를 다해 아름다운 성광에 성체를 모시고 제대 한가운데 성체를 현시합니다. 신자들도 우리를 위해 사람이 되시고 당신의 살과 피를 영원한 생명의 양식으로 내주신 하느님의 아들 예수님의 신비를 묵상합니다. 그리고 그 사랑에 감사, 찬미를 드리면서 정성스러운 마음으로 성체를 조배하고 공경합니다.

성체 현시를 하는 동안 아빌라의 데레사 성녀가 말했듯이 주님과 "단둘이" 이야기를 나누기 위해서 침묵의 시간을 가져야 하며, 묵주기도나 성무일도뿐만 아니라 다른 형태의 기도를 할 수도 있습니다.

성체 강복을 위한 준비

제의방

주례자가 입는 전례복(장백의, 띠, 흰색 영대, 흰색 카파, 어깨보, 또는 간단하게 수단 위에 중백의, 흰색 영대)과 성체 현시, 강복에 사용할 향과 향로도 준비합니다. 강복 후 주례자가 기도할 때 사용할 수 있도록 무선 마이크도 준비합니다. 무선 마이크는 제대 앞쪽 바닥에 준비한 방석 옆에 둘 수도 있습니다.

성체 강복 순서

현시 예식

- 입당 성가
- 성체 현시와 분향
- 성체 조배 (기도, 묵상, 성가)

강복 예식

- 성체 찬미 성가
- 분향
- 기도
- 강복
- 하느님 찬미
- 파견 성가

제대

제대는 꽃으로 장식하며 제대 한가운데 성광 받침을 놓고, 네 개 또는 여섯 개의 촛불을 밝힙니다. 그리고는 성광을 열어 놓고, 감실 열쇠를 준비해 놓습니다. 주례자가 성체를 향해 분향하기 위해 무릎을 꿇을 때 사용할 수 있도록, 제대 앞쪽 바닥 한가운데에는 방석을 놓아둡니다. 방석 옆에는 주례자가 사용할 기도문을 놓아둡니다.

성체 강복에서의 봉사

무선 마이크를 제의방에 준비한 경우, 복사 가운데 한 사람이 무선 마이크를 들고 입당합니다. 모든 준비가 끝나고 신자들이 입당 성가로 성체 성가를 부르면 주례자와 복사들이 입당합니다.

제대 앞에 이르면 복사들은 주례자 양옆에 서서 주례자와 함께 경건하게 인사하고 무릎을 꿇습니다. 주례자는 인사 후 곧바로 감실로 가서 성체를 모셔다가 제대 위에 준비된 성광에 안치하여 현시합니다. 이어서 주례자는 제대 앞으로 내려가 무릎을 꿇고 성체를 향해 분향한 다음, 주례석으로 가서 앉습니다. 이때부터 강복 예식 전까지 성체 조배와 묵상을 합니다.

성체 조배가 끝나고 신자들이 성체 성가를 부르면, 복사들은 주례자에게 향과 향로를 가져갑니다. 주례자는 향로에 향을 넣고 제대 앞으로 나아가 무릎을 꿇습니다. 이때 향로 복사와 향 복사도 주례자 옆에 무릎을 꿇습니다. 주례자는 복사에게서 향로를 받아 성체를 향해 분향하고 나서 향로를 복사에게 돌려준 다음, 성체 강복 전 기도를 바칩니다. 주례자가 기도를 시작하면 향을 든 복사는 자리에서 일어나 향로 걸이에 향을 놓은 다음, 어깨보를 가지고 주례자 옆으로 가서 대기합니다. 주례자가 기도를 마치면, 복사는 어깨보를 주례자 어깨에 걸칩니다. 주례자는 어깨보를 두르고 제단에 올라가서 제대 위의 성체를 향해 경건하게 인사한 다음, 성광을 어깨보 자락으로 감싸 들고 신자들을 향해 강복합니다. 주례자가 강복을 하는 동안 향로를 든 복사는 성체를 향해 분향합니다.

주례자가 강복을 마치고 제대 앞쪽으로 내려와 무릎을 꿇으면,

복사는 주례자 뒤로 가서 어깨보를 받아 접은 다음 향로 걸이에 걸어 놓습니다. 주례자는 다시 제단으로 올라가 성광에서 성체를 꺼내 감실에 모시고 제대 앞으로 가 인사를 한 다음 복사들과 함께 퇴장합니다.

장엄한 시간 전례

외국 본당이나 수도회가 운영하는 본당에서는 신자들과 함께 시간 전례, 곧 교회의 공적 기도인 성무일도를 하는 곳이 있습니다. 본당이 특별한 축일이나 밤샘 기도를 할 때, 아침기도, 저녁기도, 또는 다른 시간경을 장엄하게 거행합니다. 이 장엄한 시간 전례를 거행하기 위한 준비와 봉사에 대해서도 알아보겠습니다.

장엄한 시간 전례를 위한 준비

제의방

주례자를 위해서 개두포, 장백의, 띠, 전례 시기에 따른 색으로 된 영대, 흰색 키파(또는 간단하게 수난 위에 장백의, 영대)를 준비하고 복사들과 초 복사, 향 복사, 향로 복사도 옷을 갖추어 입습니다. 조명과 마이크가 제대로 작동하는지 점검합니다.

제대

촛불을 켭니다.

제단

성인의 유해가 있다면 그 유해를 한쪽에 잘 모셔 놓습니다.

신자석

성무일도서나 그날의 기도문이 있는 복사물을 준비합니다.

장엄한 시간 전례를 위한 봉사

모두가 복장을 갖추고 준비가 되었을 때, 십자가 복사, 초 복사, 시종 복사, 주례자 순서로 행렬을 하여 입당합니다. 이때 그 시간경의 찬미가나 그에 맞갖은 다른 성가를 할 수 있습니다. 주례자는 제대에 도착하면 깊은 절을 하고 제대에 입을 맞춘 뒤 시작 예식을 거행합니다. 이때 시종 복사는 책과 마이크를 들고 주례자 곁에 와서 봉사합니다. 만약 입당 때 찬미가를 하지 않고 성가를 했다면, 찬미가를 하고 시편을 뒤이어 응송합니다.

독서대에서 독서를 낭독하고 주례자의 강론이 이어집니다. 화답송 이후에 복음 환호송을 하는 동안 향로 복사는 향을 넣기 위해서 주례자에게 갑니다. 주례자는 향을 넣고 향로를 받아 제대에 분향을 하고 향로를 향로 복사에게 넘겨 주면 향로 복사는 먼저 주례자, 그다음에 신자들에게 분향합니다.

만약 아침기도나 저녁기도를 거행한다면 기도 권고와 주님의 기도를 하고 마침 기도 이후에 강복을 합니다. 만약 성인 유해가 있다면 유해에 친구親口를 할 수 있으며, 제의방으로 행렬을 지어 퇴장합니다. 그리고 모든 것을 본래 자리에 놓습니다.

가정 방문과 축복

본당 사제가 신자들의 가성을 방문하여 함께 기도하고 그 가정을 축복할 때, 복사들은 무엇을 준비하고 어떻게 봉사해야 하는지 알아보겠습니다.

가정 방문과 축복을 위한 준비
본당에서 가져가야 하는 것

주례자가 가정을 축복할 때 입는 전례복(장백의, 띠, 흰색 영대. 또는 간소하게 흰색 영대만 착용할 수도 있음), 성수, 축복 예식서를 준비합니다.

방문하는 가정에서 준비하는 것

축복 예식이 있을 장소에 촛불과 십자가를 준비합니다.

가정 방문과 축복에서의 봉사

방문하는 가정에서 모든 준비가 끝나면, 주례자는 성호경을 긋고 그 자리에 모인 신자들에게 인사를 한 다음, 모두가 한마음으로 축복 예식에 참여하도록 권고의 말을 합니다. 이어서 주례자는 미리 선정한 성경 말씀을 읽고 짧게 강론을 합니다. 그리고 그 가정과 참석한 이들을 위해 기도를 바칩니다. 또한 주님의 기도를 바치며 그 가정과 가족에게 성수를 뿌리면서 축복한 뒤 모든 참석자에게 강복을 한 다음 예식을 마무리합니다. 이러한 예식이 거행되는 동안 복사들은 축복 예식서와 성수를 들고 주례자 옆에서 봉사합니다.

재의 수요일

우리를 위해 십자가에 못 박혀 돌아가신 예수님의 수난을 기념하고 주님 부활 대축일을 준비하는 사순 시기는 재의 수요일부터 시작합니다. 이날 미사는 지난해 성지 주일에 축성한 성지를 태워 만든 재를 이마에 받는 예식이 있기 때문에, '재의 수요일'이라는 이름이 생겼습니다. 모든 것이 타고 남은 재는 하느님께 모든 것을 의탁하는 겸손과 가난뿐만 아니라 죄

재의 수요일 미사 순서

재의 축복
권고
축복 기도
성수 뿌리기

재를 머리에 얹는 예식
성가
재를 머리에 얹음

를 뉘우치는 참회의 마음도 상징합니다.

재의 수요일 미사를 위한 준비

제의방과 제대

재의 수요일 미사의 전례는 거의 대부분 평일 사순 시기 미사와 동일합니다. 다만 시작 예식에서 참회 예식이 생략됩니다. 또 말씀 전례에서 강론이 끝난 뒤, 사제가 재를 축복하고 신자들의 머리 위에 재를 얹는 예식이 있다는 것만 다릅니다. 그래서 제의방과 제대 준비는 평일 사순 시기 미사와 동일합니다.

주수대

재의 축복과 재를 머리에 얹는 예식을 위해 주수대에 재, 성수, 손 씻을 물과 수건을 준비합니다. 이 예시 이외의 **부분**은 사순 시기 평일 미사와 동일하게 진행됩니다.

재의 수요일 미사에서의 봉사

시작 예식은 평일 미사와 같은데, 참회 예식은 재를 머리에 얹는 예식으로 대체되기 때문에 생략합니다.

말씀 전례에서 강론이 끝나면, 곧바로 재의 축복과 재를 머리에 얹는 예식이 이어집니다. 따라서 복사들은 강론이 끝나면 바로 재를 축복할 때 사용할 기도문과 성수를 준비하여 사제 옆으로 가서 기다립니다. 사제가 재를 축복할 때 신자들은 모두 자리에서 일어섭니다. 사제는 신자들을 재의 축복 예식에 초대하는 권고를 한 다음, 잠시 침묵하고 재를 축복하는 기도를 바칩니다. 이어서 침묵 중에 재에 성수를 뿌리고, 재를 머리에 얹는 예식을 주례합니다. 신자들은 재를 받기 위해 봉헌이나 영성체 때처럼 두 줄로 나옵니다. 예식이 진행되는 동안 성가를 부릅니다.

재를 머리에 얹는 예식이 끝나면, 복사들은 사제에게서 재를 받아 주수대에 가져다 놓은 다음, 손 씻을 물과 수건을 사제에게 가져갑니다. 사제는 손을 닦고 제대로 가서 보편 지향 기도를 바칩니다. 그리고 성찬 전례가 이어집니다.

주님 수난 성지 주일

예수님이 수난을 앞두고 예루살렘에 입성하시던 날, 군중은 꺾은 나뭇가지, 혹은 자기들의 겉옷을 예수님이 가시는 길바닥에 깔고 따라가면서 나뭇가지를 흔들며 환호했습니다. 우리도 주님 부활 대축일을 일주일 앞둔 주일에 예수님의 예루살렘 입성을 기념합니다. 옛날에 군중이 나뭇가지를 흔들며 예수님께 환호했던 것처럼, 우리도 성지를 손에 들고 성당 마당에서 성당 안으로 행렬하면서 우리를 위해 수난의 길을 걸으신 예수님께 감사와 찬미를 드립니다. 그런데 예수님께 환호하던 군중은 며칠 후 예수님을 배반하고 그분을 십자가에 못 박으라고 외쳤습니다. 그래서 주님 수난 성지 주일의 말씀 전례 때, 예수님이 예루살렘에 입성하셔서 우리를 위해 수난을 낭하시고 십자가에 못 박혀 돌아가시는 이야기를 담은 복음 말씀을 선포합니다.

예수님의 예루살렘 입성을 기념하는 입당식은 세 가지 형태(행렬, 성대한 입당식, 간단한 입당식) 가운데 하나를 선택할 수 있습니다. 여기서는 행렬로 이루어지는 입당식만 설명하겠습니다.

입당식 순서

주님의 예루살렘 입성 기념식　　성지 축복

　입당 성가　　　　　　　　　　　복음

　인사　　　　　　　　　　　　　행렬

　권고　　　　　　　　　　　　　본기도

주님의 예루살렘 입성 기념식과 미사를 위한 준비

제의방

주님 수난 성지 주일 미사는 보통 때의 주일 미사와 동일합니다. 다만 시작 예식 대신 주님의 예루살렘 입성 기념식이 있기 때문에, 이를 위한 특별한 준비가 필요합니다. 곧 주례자가 행렬 때 들고 갈 성지, 행렬 전 예식에서 사용할 미사 경본, 성수와 성수채, 향과 향로, 복음집, 무선 마이크를 준비합니다. 그리고 주례자가 입을 붉은색 카파와 제의를 준비합니다.

성당 마당 신자들이 모이는 장소

신자들이 손에 들고 행렬할 수 있도록 성지를 넉넉하게 준비합니다.

주님의 예루살렘 입성 기념식과 미사에서의 봉사

복사들은 주님의 예루살렘 입성 기념식에서 주례자가 사용할 미사 경본, 성수, 복음집, 성지, 무선 마이크 그리고 행렬 후 제대에서 사용할 향과 향로를 들고 입당을 준비합니다. 모든 준비가 끝나고 신자들이 성가를 부를 때, 주례자와 복사들은 주님의 예루살렘 입성 기념식이 거행될 장소로 갑니다. 가능하다면 신자들은 미사를 드릴 성당이 아닌 다른 적합한 장소에 모인 뒤에 미사 드릴 성당으로 행렬해 가는 것이 좋습니다. 주례자는 신자들에게 인사한 다음, 신자들이 기쁘고 정성스럽게 전례에 참여하도록 권고합니다. 그리고 성지를 축복하는 기도를 바친 후 신자들이 들고 있는 성지에 성수를 뿌립니다. 이어서 주님의 예루살렘 입성 장면을 담은 복음을 선포한 다음, 간단하게 강론을 하고 행렬을 시작합니다. 행렬을 하면서 성가대와 신자들은 성가를 부릅니다. 성당 안으로 들어가면, 신자들은 신자석으로 가서 자리를 잡고 주례자와 복사들은 제단에 올라갑니다. 주례자는 제대에 인사한 후 분향합니다. 주례자가 기념식에서 붉은색 제의 대신 카파를 입었다면, 행렬을 한 다음에는 카파를 벗고 붉은색 제의를 착용합니다. 분향이 끝난 다음, 주례자는 본기도를 바칩니다. 나머지 예시은 보통 때 주일 미사와 동일합니다.

   말씀 전례에서 복음 환호송 다음에 수난 복음을 봉독합니다. 수난 복음을 선포할 때는 촛불이나 향을 사용하지 않으며, 복음서를 향해 머리를 숙여 경외를 표현하지도 않습니다. 경우에 따라서는 여러 명의 독서자가 주례자와 함께 수난 복음을 나누어 봉독하기도 합니다. 곧 주례자가 예수님의 말씀을 읽고 나머지 부분은 독서자들이 나누어 읽는 것입니다.

성삼일

이미 앞에서 언급한 것처럼 성삼일은 성주간의 중심일 뿐 아니라 전례력에서도 가장 중요한 시기입니다. 성삼일 전례는 하나로 이어진 전례입니다. 주님 만찬 미사로 시작되는 성삼일 전례를 떠받치는 두 기둥은 예수님의 '수난-죽음'과 '부활-영광'입니다. 우리 인간을 위한 하느님의 가장 아름다운 업적은 삼 일에 걸쳐 일어나는데, 그 시작은 최후의 만찬입니다.

성삼일 전례를 위한 준비

1) **주님 만찬 성목요일**

제의방

대축일 미사와 동일한 준비가 필요합니다. 주례자의 제의는 흰색으로 차립니다.

제대

대축일 미사와 동일하게 제대를 차립니다. 가능하면 아름다운 꽃과 크고 멋진 초로 제대를 장식합니다.

주수대

주님 수난 성금요일 전례 때 신자들이 영성체할 만큼 제병을 충분히 준비합니다. 성대하게 대영광송을 노래할 때 사용할 종, 발씻김 예식 때 사용할 물, 대야, 수건, 주례자가 손을 씻을 때 사용할 물, 비누, 수건, 그리고 성체를 수난 감실로 모실 때 성합을 감쌀 어깨보를 준비합니다.

제단

발씻김 예식을 위해 선발된 신자 12명의 자리를 마련합니다. 그리고 감실은 비워 두고 열어 놓습니다.

수난 감실

적당한 장소에 수난 감실을 마련하고 초와 꽃으로 장식합니다. 수난 감실 앞에서 신자들이 성체 조배를 하는 데 필요한 것(의자나 방석, 성가책, 성체 조배 예식서나 기도서 등)을 갖춰 놓습니다.

2) 주님 수난 성금요일

제의방

이날은 미사를 봉헌하지 않지만, 보통 미사 때와 동일하게 주례자의 제의를 준비합니다. 전례복 색깔은 붉은색입니다. 또한 십자가 경배 예식 때 사용할 십자가와 큰 초 두 개를 준비합니다. 복사들은 입당 행렬 때 빈손으로 입당합니다.

제단 앞

입당 때 주례자는 제단 앞으로 가서 바닥에 엎드립니다. 따라서 제단 앞 중앙에는 주례자가 엎드릴 곳에 넓은 방석이나 카펫을 깔아 둡니다.

제대

제대는 제대포가 없는 상태를 유지해야 합니다. 제대 위에는 성주간 예식서와 마이크만 올려 둡니다.

주수대

영성체 예식 때 사용할 성체포와 빈 성작, 십자가 경배 예식 때 십자가를 세워 두기 위한 받침대를 준비합니다.

수난 감실

영성체 예식 때 주례자가 수난 감실에서 성체를 모셔 가야 하기 때문에, 감실 열쇠와 초를 준비합니다.

3) 파스카 성야

제의방

대축일 미사를 봉헌하기 위한 준비를 갖춥니다. 전례복 색깔은 흰색입니다. 복사단과 주례자가 입당 행렬을 하지 않기 때문에, 입당 행렬 때 사용하는 십자가와 촛불을 준비할 필요가 없습니다.

제단

제대 옆이나 아래쪽 적당한 곳에 성수로 축성할 물을 항아리나 적당한 그릇에 준비합니다.

제대

전례력 가운데 최고의 축제를 지내는 날이므로 제대를 꽃과 장식물로 화려하게 장식합니다. 주님 만찬 성목요일 미사 후부터 주님 수난 성금요일까지 벗겨 놓았던 제대포를 깔고 대축일 미사 때와 동일하게 차립니다. 다만, 초는 불을 켜지 않은 상태로 놓아야 합니다.

독서대

독서집을 준비합니다. 독서자와 주례자가 읽을 부분을 찾기 쉽게 표시해 둡니다. 부활초를 놓은 촛대를 독서대 옆에 준비합니다.

주수대

성수 예식 때 사용할 성수 그릇과 성수채, 대영광송을 부를 때 사용할 종, 세례 갱신 예식 때 복사와 주례자가 사용할 초, 초심지(성수 축복 후 사용), 성찬례에 필요한 모든 것을 준비합니다. 이날 세례식이 있는 경우에는 세례식에 필요한 물과 수건, 예비 신자 성유와 축성 성유, 주례자가 손을 씻는 데 필요한 물과 수건도 준비합니다.

신자석

신자들이 성당 안에서 빛의 예식에 참여할 경우, 전례가 시작되면 모두 조용한 가운데 자리에서 일어나 성당 입구를 향해 섭니다. 성당 안의 불을 모두 끄고, 부활 찬송이 끝날 때까지 어두운 상태를 유지합니다.

성당 입구

빛의 예식을 위해 적당한 책상을 준비하고 그 위에 숯과 화로, 집게, 부활초, 5개 정도의 향 덩이, 연필, 초심지, 라이터, 성주간 예식서, 무선 마이크, 손전등, 향과 향로를 준비합니다.

성삼일 전례에서의 봉사
주님 만찬 성목요일

입당과 시작 예식은 대축일 미사와 동일하게 거행됩니다. 다만 장엄한 대영광송을 하는 동안, 종탑의 종과 미사 때 사용하는 작은 종을 계속해서 칩니다. 그리고 이 대영광송 이후부터 파스카 성야 미사의 대영광송 전까지는 종을 치지 않습니다. 오르간은 반주용으로 사용할 수 있습니다.

말씀 전례는 강론까지 대축일 미사와 동일하게 거행합니다. 강론이 끝나면 곧바로 **발씻김 예식**이 이어집니다. 이를 위해 복사들은 발 씻을 물과 수건을 준비합니다. 이때 다른 전례 봉사자들은 발씻김 예식을 위해 선발된 신자들이 앉을 의자를 신자석 맨 앞쪽에 가져다 놓습니다. 신자들이 성가를 부르는 동안, 주례자는 제의를 벗고 앞치마를 두릅니다. 그리고 복사의 도움을 받아 신자들의 발을 씻어 줍니다. 발씻김 예식이 끝나면, 복사 두 명은 주례자가 손을 씻을 수 있도록 물, 비누, 수건을 준비하고, 나머지 복사들은 주례자가 제의를 입는 것을 도우며 발씻김 예식을 할 때 사용한 도구를 정리하여 제의방이나 적당한 장소에 가져다 놓습니다. 주례자는 제의를 입고 제대 앞으로 나가 신사들과 함께 보편 지향 기도를 바칩니다.

성찬 전례도 대

주님 만찬 성목요일

(…은 평상시 미사와 같은 부분)

시작 예식

- 입당 성가

…

- 대영광송(장엄하게)
- 본기도

말씀 전례

…

- 강론
- 발씻김 예식(세족례)
- 성가

- 보편 지향 기도

성찬 전례

…

- 영성체 후 기도

성체를 옮겨 모심

- 성체를 수난 감실에 모심
- 분향
- 성체 성가
- 침묵(성체 조배)

축일 미사와 같습니다. 다만 주님 수난 성금요일에는 미사가 없기 때문에, 이날 신자들의 영성체에 필요한 성체를 주님 만찬 미사 때 미리 축성해서 수난 감실에 모셔 두어야 합니다.

영성체 예식이 끝나면, 주례자는 제대 위에 성체포를 깔고 그 위에 성체를 담은 성작을 올려놓고 영성체 후 기도를 바칩니다. 주례자는 어깨보를 두르고 제대 위에 모신 성체를 향해 경건하게 인사한 다음, 어깨보로 성작을 잘 감싸 들고 수난 감실로 이동합니다. 주례자가 어깨보를 두를 때, 복사 가운데 한 명이 성체등을 끕니다. 수난 감실로 향하는 행렬은 향로 복사와 향 복사, 십자가 복사, 초 복사 두 명, 성합을 든 주례자, 성가대 순서로 이루어집니다. 행렬이 이루어지는 동안 나머지 신자들은 자기 자리에서 성가를 부릅니다.

수난 감실 앞에 행렬이 다다르면, 주례자는 성체를 수난 감실에 모시고 분향한 다음 잠깐 동안 무릎을 꿇고 기도합니다. 주례자는 복사단과 함께 제의방으로 퇴장하여 전례복을 벗고 성당 안으로 가서 제대와 독서대를 꾸몄던 꽃과 장식물을 치우고 제대포를 모두 벗겨 냅니다. 십자가는 예수님이 보이지 않게 천으로 가립니다.

주님 수난 성금요일

입당은 침묵 가운데 이루어집니다. 입당 성가도 부르지 않고 모든 신자가 침묵하는 가운데, 주례자가 복사단과 함께 입당합니다. 복사단은 행렬할 때 아무것도 지니지 않습니다. 행렬이 제단 앞에 이르면 주례자와 복사단은 성당 바닥에 엎드리거나 무릎을 꿇고 잠시 침묵 가운데 기도한 다음, 제단으로 올라갑니다. 주례자는 제대 앞으로 가서 손을 모으고 본기도를 바칩니다.

말씀 전례는 요한 복음서의 수난 복음을 선포하기 전까지는 평상시 미사와 같습니다. 다만, 주례자나 부제가 복음을 봉독할 때, 촛불과 향 없이, 복음서를 향한 인사와 십자 표시를 하지 않고 수난 복음을 선포합니다. 일반적으로 주례자나 부제는 제대에서 예수님이 말씀하시는 부분을 봉독하고, 독서대에서는 독서자가 예수님 이외의 다른 인물이 말하는 부분을 봉독합니다. 해설대에서는 해설자가 나머지 부분을 봉독합니다. 주례자나 부제는 수난 복음을 다 봉독한 다음에 복음서에 인사를 하지 않고 독서대로 가서 강론을 합니다. 강론 후에는 주례자가 《미사 경본 총지침》 70항에 제시된 10가지 보편 지향 기도를 바칩니다. 이때 보편 지향 기도는 일부만 선택해서 바칠 수도 있습니다.

보편 지향 기도 후에는 이날 전례의 2부에 해당하는 **십자가 경배**가 있습니다. 주례자가 제대 앞쪽에 선 채로 또는 성당 입구 쪽에서 제단을 향해 행렬하면서 신자들을 향해 세 차례에 걸쳐 십자가를 보여 주는 예식입니다. 이때 복사 두 명이 촛불을 들고 주례자 양옆에 섭니다. 주례자는 십자가를 감싼 천을 세 차례로 나누어 조금씩 벗겨 가면서 매번 십자가를 높이 들고 "보라, 십자나무"를 노래하고, 신자들은 "모두 와서 경배하세."라고 세 번 응답합니다. 십자가를 보여 주는 예식이 끝나면 제대 위에 십자가를 세우고 양옆에 촛불을 놓은 다음, 주례자가 먼저 깊은 절을 하면

주님 수난 성금요일

(…은 평상시 미사와 같은 부분)

- 침묵과 기도

말씀 전례

…

- 복음 환호송
- 수난 복음(요한 복음서)
- 강론
- 보편 지향 기도

십자가 경배

- 십자가를 보여 주는 예식
- 십자가 경배와 성가

영성체 예식

- 주님의 기도

…

- 영성체
- 영성체 후 기도
- 침묵

서 십사가를 경배합니다. 그다음으로 복사단과 신자들이 봉헌 때처럼 두 줄로 나와 깊은 절을 하면서 십자가를 경배합니다. 십자가 경배가 끝날 무렵 모든 신자가 십자가 찬미가를 부릅니다.

  십자가 경배기 끝나면 영성체 예식을 합니다. 복사들은 제대에 제대포를 깔고 앞쪽 중앙에 십자가를 세우고 양옆에 촛불을 놓은 다음, 제대 한가운데 성체포를 펼칩니다. 이때 주례자는 초 복사 두 명과 함께 수난 감실로 가서 성체를 모셔 옵니다. 주례자는 제대에 펼쳐 놓은 성체포 위에 성체가 든 성합을 올려놓습니다. 그런 다음 주님의 기도부터 영성체까지의 전례는 보통 미사와 동일합니다. 영성체 후에 주례자는 남은 성체를 성합에 담아 성당 밖에 마련된 적당한 장소에 모십니다. 물론 경우에 따라서는 감실에 모실 수도 있습니다. 그 사이에 복사들은 성체포를 치우고 제대포를 다시 벗긴 다음, 십자가와 촛불을 제대 위에 다시 놓습니다.

주례자는 제대 앞으로 가서 영성체 후 기도와 백성을 위한 기도를 바칩니다. 그런 다음 주례자는 복사들과 함께 제대 아래로 내려가 제대를 향해 인사한 다음 조용히 퇴장합니다. 입당 때와 마찬가지로 파견 성가는 부르지 않습니다.

파스카 성야

이날 전례는 **빛의 예식**으로 시작합니다. 주례자는 제의방에서 제의를 입은 다음 복사단과 함께 조용히 성당 입구에 마련된 예식 장소로 갑니다. 주례자는 십자 성호를 긋고 신자들에게 인사와 권고를 한 다음, 곧바로 불 축복과 부활초 점화 예식을 진행합니다. 이때 복사들은 성주간 예식서와 무선 마이크, 손전등을 들고 주례자 옆에서 봉사합니다. 주례자가 부활초에 불을 붙이면, 향과 향로를 든 복사들이 주례자에게 갑니다. 주례자는 향로에 향을 넣은 다음, 부활초를 들고 제대를 향해 행렬합니다.

파스카 성야

빛의 예식
- 침묵
- 불 축복
- 부활초 점화
- 행렬
- 부활 찬송

말씀 전례
- 구약 성경 독서
- 화답송
- 독서 후 기도
- 대영광송(장엄하게)
- 본기도
- 서간
- 화답송
- 복음
- 강론

세례 예식
- (성인 호칭 기도)
- 세례수 축복
- (세례식)
- 성수 축복
- 세례 서약 갱신
- 성수 뿌림

마침 예식
- 강복
- '알렐루야' 파견
- 파견 성가

주례자는 부활초를 들고 행렬하다가 세 번(성당 입구, 중앙, 제단 앞)에 걸쳐 신자들을 향해 돌아서서 부활초를 높이 들어 보이며 "그리스도 우리의 빛."이라고 외치거나 노래합니다. 신자들은 "히느님 감사합니다." 하고 응답합니다. 이때 향을 든 복사는 부활초를 향해 분향합니다. 성당 중앙에서 두 번째로 부활초에 분향한 다음, 나머지 복사들이 곧바로 초심지를 가지고 부활초에서 불을 댕겨 신자들의 초에 불을 붙여 줍니다. 이때 제대 초에는 불을 붙이지 않습니다. 제단 앞에서 세 번째로 부활초를 향해 복사가 분향한 다음, 주례자는 부활초를 부활 촛대에 세우고 독서대로 갑니다. 이때 향과 향로를 든 복사들은 주례자를 따라가서 독서대 양옆에 섭니다. 주례자는 복사에게서 향로를 받아 성주간 예식서와 부활초에 분향한 다음 부활 찬송을 노래합니다. 부활 찬송이 끝나면 신자들은 손에 든 초의 불을 끕니다.

하느님의 말씀을 경청하자는 주례자의 권고와 함께 말씀 전례가 시작됩니다. 가장 먼저 구약 성경에서 선별된 7개의 독서(세 번째 독서를 포함하여 3개 또는 4개의 독서만 선택할 수 있음)가 봉독됩니다. 독서는 매번 '성경 말씀 봉독 – 화답송 – 독서 후 기도' 순서로 전개됩니다. 주례자가 독서 후 기도를 바칠 때 신자들은 자리에서 일어납니다. 구약 성경에서 선택한 독서가 모두 끝나면 성대하게 대영광송을 노래합니다. 주님 만찬 미사 때처럼 반주자가 오르간을 성대하게 연주하고 복사가 종을 칩니다. 이때 다른 복사들은 부활초에서 초심지에 불을 댕겨 붙여 제대 초에 불을 붙입니다. 대영광송이 끝나면 주례자는 본기도를 바칩니다. 그다음에는 서간

봉독, 성대한 알렐루야, 복음 봉독이 이어집니다. 신자들이 알렐루야를 노래할 때, 향과 향로를 든 복사들은 주례자에게 가서 향로에 향을 받고, 주례자를 따라 독서대로 갑니다.

강론 후에 세례식이 있을 경우, 성인 호칭 기도를 바친 다음, 주례자는 세례수를 축복하고 세례식을 거행합니다. 세례수를 축복할 때는 부활초를 가져다 세례수에 세 번 담갔다 들어올리면서 축복 기도문을 바칩니다. 세례식이 없으면 강론 후 곧바로 성수 축복 예식을 거행합니다. 성수 축복이 끝나면 복사들은 부활초에서 초심지에 불을 받아 신자들이 가진 초에 불을 붙여 줍니다.

신자들이 모두 초에 불을 붙이고 서 있을 때, 주례자는 세례 서약 갱신과 성수 뿌림 예식을 거행합니다. 세례 서약 갱신 예식 후에, 주례자는 성수 그릇에 성수를 담고 복사와 함께 신자들 사이를 걸어가면서 성수를 뿌려 줍니다. 성수 뿌림 예식이 끝나면 신자들은 촛불을 끄고, 주례자는 제대로 돌아가 신자들과 함께 보편 지향 기도를 바칩니다.

성찬 전례와 영성체 예식은 보통 때의 미사와 동일하게 거행합니다. 신자들의 영성체가 끝나면, 주례자는 남은 성체를 성합에 담아 감실에 모시고 성체등을 켭니다. 마침 예식도 보통 때의 미사와 동일하게 거행하는데, 한 가지 다른 점은 파견하는 말과 응답 끝에 "알렐루야."를 두 번 반복한다는 것입니다.

10. 특별한 두 복사: 예절지기와 향로 복사

예절지기

예절지기의 특성

영화의 성공 여부는 영화에는 등장하지 않는 감독에게 달려 있습니다. 이와 마찬가지로 전례의 주인공인 주례자, 복사, 신자가 모두 제대로 움직이고, 모든 것이 그리스도를 향하도록 조직하고 계획하여 진행하는 사람이 있어야 좋은 전례를 거행할 수 있습니다. 이러한 일을 하는 사람이 바로 예절지기입니다. 그는 전례 거행을 '연출'하도록 준비된 책임자입니다.

쉽지 않으면서도 중요한 이 과업을 예절지기가 어떻게 이루는지 이 직무의 특성을 좀 더 자세히 살펴보겠습니다.

- 이미 말했듯이, 예절지기는 전례 거행을 조직하고 감독합니다. 특히 주교가 집전할 때 그렇습니다. 물론 예절지기가 모든 것을 다 하는 것은 아닙니다. 그는 다양하게 조직된 책임자들과

함께 협력하여, 전례를 조직적이고 계획적으로 이끕니다.
- 좋은 예절지기는 전례의 전문가여야 합니다. 또한 본당에서도 예절지기를 하는 사람은 근본적인 것에 대해서 잘 알고 있어야 합니다. 적어도 지금까지 설명한 세부 규정들에 대해서 잘 알고 있어야 합니다. 그러나 참된 예절지기는 사목적인 면에도 전문가여야 합니다. 이는 위엄과 품위를 잃지 않고, 전례에 참여하는 신자들이 이해할 수 있는, 효과적인 전례 거행을 실현하기 위해서입니다.
- 전례 책임자는 각종 예식서에 나오는 모든 동선을 잘 알고 있어야 합니다. 또한 주교와 함께 움직일 때는 근본적인 예절 안내서인 주교 예절서를 따릅니다. 그곳에서 모든 특별한 거행들을 발견할 수 있습니다. 이 예식서는 아쉽게도 아직 번역이 되지 않아서 라틴어본이 있을 뿐입니다.
- 전례복은 장백의 또는 수단에 중백의를 입습니다. 만약 예절지기가 부제나 사제라면 본래 전례복을 입을 수 있습니다.

좋은 예절지기가 되기는 쉽지 않지만 그렇다고 낙담할 필요는 없습니다. 좋은 의도를 가지고 전례를 많이 실행해 본다면 아주 좋은 결과가 생길 것입니다.

매 전례 거행마다 주의를 기울여 준비한다면, 부족하거나 실수에 대한 걱정 없이 모두가 지금 행하는 것에 집중할 수 있고, 모든 것이 평화롭게 진행될 수 있을 것입니다. 주교 예절서 35항에는 이렇게 말합니다. 전례 거행을 잘 준비하기 위해서 "예절지기는 성가대, 보조자들, 복사들, 집전자와 함께 수행해야 할 행위와 사용할 예식서들을 준비해야 하지만, 전례 거행 동안에는 최대한 신중하게 처신해야 합니다. 곧, 쓸데없는 말은 하지 않습니다. 주례자 옆에서 부제와 보조자를 대신해서는 안 됩니다. 모든 것을 신앙과 인내 그리고 세밀한 주의력으로 수행해야 합니다."

자기중심주의는 항상 경계해야 합니다. 왜냐하면 전례 거행에 굉장히 해를 끼치기 때문이지요. 예절지기는 사람들의 주의를 끌지 않으며, 제대에서 왔다갔다하지 않고, 과장된 동작과 말을 하지 않아야 합니다. 모든 것을 이미 잘 조직한 좋은 감독처럼 신중해야 하며, 작은 신호와 말로 의도를 전하는 조용한 본보기가 되어야 합니다.

주교가 주례하는 전례 거행에서의 예절지기

특히 여기서는 예절지기가 동반한다는 관점에서 본당에 주교가 도착하여 거행하는 예식들에 관하여 기초적인 이야기를 하려 합니다. 특히 예식이 거행되는 도중에 주교관과 목자 지팡이를 어떻게 해야 하는지 자세히 언급하겠습니다.

주교의 장엄한 입당

특별한 사정에 의하여 주교가 성당에 도착할 때 공식적이고 장엄한 환영으로 주교의 방문을 드러냅니다.

- 성당 입구 뜰에 주교의 방문을 환영하기 위해서 사제들이 두 줄로 섭니다. 주교가 성당 입구에 도착하면 주교가 먼저 성당에 들어가고 다른 사람들은 뒤따릅니다.
- 입구에서 본당 주임 또는 장상이 성수채를 주교에게 드리면 주교는 자신과 그곳에 참여한 사람들에게 뿌립니다.
- 그리고 성체가 모셔진 곳으로 가서 기도를 위해 잠시 머물고, 전례 거행 준비를 위해 제의방으로 이동합니다.

순회 미사

이미 미사 거행에 관해 말한 부분을 떠올려 보세요. 여기서는 주교 예절서를 참조하여 주교가 주례한다는 것을 고려한 기초적인 동선을 중심으로 이야기하겠습니다. 하지만 매 거행 전에 주교나 그의 비서와 다양한 가능성에 대해서 조율을 하는 것이 중요합니다.

- 주교는 제의방에서 가슴 십자가, 모제타(주교가 입는 짧은 망토), 소

백의를 벗고 개두포, 장백의, 띠, 가슴 십자가, 영대, 제의, 팔리움(대주교인 경우)을 입습니다. 그러고 나서 주교관을 쓰고 향을 향로에 넣은 후에 목자 지팡이를 받습니다. 행렬할 때는 주교는 공동 집전자들 뒤에 혼자서 가고 그 뒤로 부제들과 주교관과 목자 지팡이, 책 복사들이 따릅니다(《주교 예절서》 128항 참조).

- 제대에 도착하여 깊은 절을 하기 전에 일반적으로 주교는 목자 지팡이와 주교관을 복사에게 건네줍니다. 그러나 제대에 입을 맞추거나 깊은 절을 하기 전, 또는 그 후까지 목자 지팡이와 주교관을 사용하다가 건네주기도 합니다.

- 본기도 이후에 주교는 앉은 뒤 주교관을 받습니다. 복음 선포 때에는 앉아 있으면서 향로에 향을 넣고 그의 앞에 머리를 깊이 숙인 부제에게 축복을 해 줍니다. 그리고 주교관을 벗고 일어섭니다. 부제가 "~가 전한 거룩한 복음입니다."라고 말할 때, 주교는 목자 지팡이를 받고 복음 선포 동안 잡고 있습니다. 복음 선포가 끝나면 부제로부터 복음집을 받아서 입을 맞춥니다.

- 이때, 복음집으로 참석자들에게 강복을 할 수 있습니다. 이 경우, 주교는 목자 지팡이를 복사에게 건네주고 복음집으로 강복을 한 뒤 복음집을 부제에게 돌려줍니다.

- 주교는 강론을 독서대에서 행하거나 주교좌에 앉아서 할 수 있습니다. 보통은 강론을 하는 동안 주교관과 목자 지팡이를 지

니다.

- 강론이 끝나면 주교는 복사에게 목자 지팡이를 건네주고, 그다음에 이어지는 준성사 예식들이 없다면 주교관도 건네줍니다. 신앙 고백과 신자들의 기도가 이어지는데, 이것이 끝나고 제대를 준비하는 동안 주교는 주교관을 쓰고 주교좌에 앉아 있습니다. 그런 다음, 예물 봉헌 행렬을 환영하기 위해 주교는 주교관과 목자 지팡이를 지니고 제대 앞으로 나와 받아들입니다. 그 뒤 주교관과 목자 지팡이를 복사에게 건네주고 예물 준비를 위해 제대로 갑니다. 손을 씻을 때 주교 반지를 뺄 수 있습니다.
- 예물 기도를 마치고 주교는 주케토를 벗습니다.
- 영성체의 경우, 주교는 부제들과 몇몇 신자들에게 성체 분배를 합니다. 성체 분배가 끝나갈 즈음에 자리로 가는 주교로부터 부제 또는 사제가 성합을 받습니다. 이때 주교는 주케토를 받아 쓰고 필요하면 손을 씻습니다.
- 영성체 후 기도 다음에 공지 사항을 하고 주교는 강복을 위해서 주교관을 받습니다. 주교는 그날 강복, 주교 강복, 다른 형태의 강복 중에서 선택할 수 있습니다. 마지막 삼위일체 강복을 하기 전에 목자 지팡이를 받고 강복을 합니다. 미사를 끝내면서 제대에 입을 맞추고 제대 앞으로 나와서 깊은 절을 하고 다시 제의방을 향해서 행렬을 합니다.

견진성사

많은 경우, 본당에서 주교가 전례를 거행하는 일은 견진성사 때문입니다. 이 성사에 대해서는 이미 언급을 했으므로 여기서는 주교관과 목자 지팡이의 사용을 중심으로 개괄적으로 말하겠습니다.

- 복음 선포 이후에 주교는 복음집에 입을 맞추고 복음집으로 축복을 하고 견진성사 대상자 호명을 위해 앉아서 주교관을 씁니다. 강론이 끝나고 주교는 주교관과 목자 지팡이를 지니고 세례 갱신식을 진행합니다.
- 주교는 안수와 견진 기도를 위해서 주교관과 목자 지팡이를 건네주고 일어섭니다. 축성 성유를 도유하기 위해서 주교관과 목자 지팡이를 받습니다. 도유를 마치고 주교는 목자 지팡이를 건네주고 손을 씻은 후 신자들의 기도를 합니다. 그다음부터는 다른 미사와 동일하게 진행합니다.

행렬

주교는 수호성인 축일에 참여하기도 합니다. 이때는 행렬이 있습니다.

- 성체나 거룩한 것(성인 유해, 십자가 나무) 등을 모시고 이동할 경우 주교는 카파를 입고 주례를 하는 것이 적절합니다.
- 카파를 입는 때는 개인적으로 성체나 거룩한 것을 옮길 때가 아니라 그것을 옮기는 사람이 주례할 때입니다. 반면에 주교가 그냥 참여하기만 할 때는 가대복(정복)을 입고 성체나 거룩한 것을 옮기는 사람 뒤를 따릅니다.
- 성체나 십자가 나무 거동 행렬 때가 아닌 경우, 주교는 전례복을 갖춰 입으며 주교관과 목자 지팡이를 지닙니다. 하지만 거룩한 것을 이동할 경우에는 목자 지팡이는 주교 앞에서 복사가 가지고 갑니다.

향로 복사와 향 복사

전례 중에 분향을 하는 경우에는 향로와 향 그릇을 준비해야 하고 향로를 드는 복사와 향 그릇을 드는 복사 두 사람이 필요합니다. 이들을 향로 복사와 향 복사라고 합니다. 하지만 경우에 따라서는 한 사람이 향로와 향 그릇을 들고 봉사할 수도 있습니다. 전례에서 분향을 하는 의미에 대해서는 이미 앞에서 설명했기 때문에, 여기서는 향과 향로를 들고 가는 방법과 분향하는 방법에 대해서 알아보겠습니다.

향과 향로를 드는 방법과 주례자에게 건네는 방법

복사가 한 사람일 경우 향로는 왼손에 들고 향 그릇은 오른손에 듭니다. 향로를 들 때는 향로 뚜껑에 연결된 쇠줄 끝에 달린 고리는 엄지손가락에 끼우고 향로에 고정된 세 가닥의 쇠줄이 연결된 꼭지에 달린 고리는 새끼손가락에 끼웁니다. 향 그릇을 든 오른손은 가슴 한가운데에 오게 치켜듭니다. 복사가 두 사람일 경우, 향로 복사는 왼손에 향로를 들고 오른손을 곧게 펼친 상태에서 명치 부분에 붙입니다. 향 복사는 왼손을 곧게 펼쳐 명치 부분에 대고 오른손에는 향 그릇을 듭니다. 향 그릇을 든 오른손의 높이와 위치는 향로 복사가 향로를 든 왼손과 같게 맞춥니다.

향로와 향 그릇 준비 방법

향로와 향 그릇은 전례가 시작되기 전 제자리에 준비해야 합니다. 그래야만 차질 없이 전례가 진행될 수 있습니다. 향로와 향 그릇을 준비할 때는 다음 사항을 점검합니다.

- 향로, 향 그릇(향 숟가락 포함), 숯불을 피우는 데 필요한 재료들(라

이터나 성냥, 초, 집게, 숯 등)을 제의방에 미리 준비합니다.

- 향로와 향 그릇이 깨끗하게 닦여 있는지, 향로에 연결된 쇠줄들이 엉키지 않았는지 확인합니다.
- 전례가 시작되기 5~10분 전쯤 적당한 장소에서 숯불을 피워 향로에 담아 놓습니다.
- 시간이 길지 않은 전례의 경우에는 전례용 숯덩이 한 개만 준비해도 되지만, 시간이 긴 전례의 경우에는 불이 잘 붙은 숯덩이에 불을 붙이지 않은 숯덩이 하나를 걸쳐서 얹어 놓습니다. 필요한 경우에는 숯불이 꺼지지 않도록 전례 도중에 숯덩이를 보충합니다.

- 향로 복사는 행렬힐 때 숯불이 꺼시시 않도록 향로를 앞뒤로 조금씩 흔들어 줍니다. 행렬을 멈추고 한자리에 서 있을 경우에는 향로를 몸 앞쪽에서 좌우로 조금씩 흔들어 줍니다. 동작을 너무 크게 하여 전례에 참여한 신자들에게 분심거리가 되지 않도록 주의해야 합니다.
- 주례자가 분향을 할 차례가 되면, 향 복사는 주례자 앞으로 나아갑니다. 복사가 한 사람

일 경우, 먼저 향 그릇을 주례자에게 건네준 다음 오른손으로 왼손 엄지손가락에 낀 고리를 잡고는 향로 뚜껑이 적당한 높이 (주례자가 향로에 향을 넣는 데 불편하지 않은 높이)가 되도록 들어 올립니다. 그런 다음 주례자가 향로에 향을 넣을 수 있도록 적당한 높이로 왼손에 쥔 향로를 들어 올립니다. 복사가 두 사람일 경우 향로 복사는 동일한 방식으로 향로 뚜껑을 들어 올리고, 향 복사는 뚜껑을 연 향 그릇을 주례자 앞에 내밉니다. 주례자가 향로에 향을 넣고 향로를 축복하면, 향로 복사는 향로의 뚜껑을 닫고 주례자와 함께 분향할 장소로 나아갑니다.

- 분향할 장소에 이르면, 향로 복사는 오른손으로 향로 쇠줄들 끝부분의 꼭지를 쥐고 왼손으로 향로 뚜껑 윗부분의 쇠줄들을 움켜쥔 채로 주례자에게 향로를 건네줍니다. 전례에 부제가 함께 봉사하는 경우, 향로는 부제에게 건네줍니다. 부제는 향로 복사에게서 향로를 받아 동일한 방식으로 주례자에게 건네줍니다.

분향하는 방법

- 오른손은 향로 뚜껑 위쪽으로 주먹 하나 정도의 거리를 둔 지점에서 세 가닥의 쇠줄을 검지와 중지 사이에 끼우고 손을 오므립니다. 왼손은 세 가닥의 쇠줄 끝을 연결한 꼭지 아래쪽을

쥐고는 가슴 한가운데에 밀착시
킵니다. 향로를 든 오른손도 가
슴 높이로 쳐드는데, 가슴에 밀
착시킨 왼손과 달리 가슴에서
50cm가량 거리를 둡니다. 그 상
태에서 분향을 하는 대상(제대, 예
물, 사람)을 향해 향로를 앞뒤로 흔들
어 분향합니다.

• 사람이나 성인의 유해 또는 성상이나 성화에 분향할 때는 분향 전후에 허리를 숙여 절을 하지만 제대나 예물에 분향할 때는 절하지 않습니다.

세 번 분향하는 경우

미사 중에 봉헌된 예물(빵과 포도주), 제대 위의 십자가, 복음집, 부활초, 주례자, 미사에 참석한 신자들, 고인의 시신, 공적인 장소에 현시된 지극히 거룩한 성체, 십자가, 주님의 성화에는 향로를 앞뒤로 세 번 흔들이 분향합니다.

두 번 분향하는 경우

공적인 장소에 현시된 성인들의 유해나 성화에는 향로를 앞뒤로 두 번 흔들어 분향합니다. 미사 때 입당 직후에 제대에 분향할 때도 두 번 분향합니다.

- 예물 봉헌 때에는 예물에는 세 번, 제대를 향해서는 한 번 분향합니다. 이때 예물 위에서 향로로 십자 표시를 하면서 분향합니다.
- 주례자나 향 복사가 분향하는 동안에는 인사말이나 권고 또는 기도를 바치지 않습니다. 전례에 참여한 모든 이는 분향이 끝날 때까지 침묵 중에 기도합니다.

전례에서 분향하는 순서

이제 보다 구체적으로 미사와 성체 강복 때에 분향하는 순서에 대해 알아보겠습니다.

1) 미사에서 분향하는 순서

입당 행렬 때

입당 행렬을 시작하기 직전에 제의방에서 향로 복사와 향 복사는 주례자에게 가서 향로에 향을 받습니다. 주례자가 향로에 향을 넣으면 향로 복사와 향 복사는 정해진 순서에 따라 주례자와 함께 입당 행렬을 합니다. 제대 앞에 이르면 향로 복사와 향 복사는 제대를 향해 허리 숙여 인사한 다음 제단으로 올라가 주수대 앞에서 기다립니다. 주례자가 제단에 올라와 제대 앞으로 가서 제대에 입을 맞추면(입맞춤 대신 허리 숙여 인사할 수도 있습니다.), 곧바로 향로 복사와 향 복사가 주례자 옆으로 가서 향로에 향을 받습니다. 주례자가 향로에 향을 넣으면, 향로 복사는 향로를 주례자에게 건네줍니다. 주례자가 제대에 분향을 한 다음, 향로 복사에게 향로를 건네주면, 향로 복사와 향 복사는 향로 걸이에 향과 향로를 놓아두고 복사 자리에 가서 섭니다.

복음 선포 때

알렐루야나 다른 노래로 복음 환호송이 시작되면, 향로 복사와 향 복사가 향로와 향 그릇을 들고 주례자에게 가서 향로에 향을 받습니다. 주례자가 향로에 향을 넣은 다음 자리에서 일어나 제대에 인사를 하고 독서대로 향할 때, 향로 복사와 향 복사는 주례자에 앞장서 독서대로 가서 독서대 양옆에 자리를 잡습니다. 주례자가 독서대 앞에서 신자들에게 "주님께서 여러분과 함께."라고 인사하면 향로 복사가 주례자에게 향로를 건네줍니다. 주례자는 복음서에 분향한 다음 향로를 향로 복사에게 건네주고 복음을 선포합니다. 향로와 향 복사는 복음 선포를 마칠 때까지 독서대 옆에 서 있다가 복음 선포를 마치면 행렬을 지어 자리로 돌아갑니다.

예물 봉헌 때

　제대 위에 예물이 준비되어 주례자가 빵과 포도주를 들고 예물 준비 기도를 바치며 작은 소리로 "주 하느님, …… 이 제사를 너그러이 받아들이소서."라고 기도하면, 곧바로 향로 복사와 향 복사가 주례자에게 가서 향로에 향을 받습니다. 주례자가 향로에 향을 넣으면, 향로 복사는 주례자에게 향로를 건네줍니다. 주례자가 예물과 제대에 분향하고 나서 향로를 향로 복사에게 건네주면, 향로 복사와 향 복사가 나란히 서서 주례자에게 인사한 다음, 향로 복사가 주례자를 향해 세 번 분향합니다. 분향이 끝나면 향로 복사와 향 복사는 주례자에게 인사한 다음, 향로 복사는 제단 앞 중앙으로 내려가 신자들을 향해 서고 향 복사는 향로 걸이에 향 그릇을 놓고 복사 자리로 돌아갑니다. 신자들이 일어서면 향로 복사는 신자들을 향해 인사한 다음 세 번 분향합니다. 분향이 끝나면 신자들에게 인사한 다음, 향로 걸이에 향로를 놓아두고 복사 자리로 돌아갑니다.

성찬 제정과 축성문 기도 때

　신자들이 '거룩하시도다'를 노래할 때, 향로 복사와 향 복사는 향로에 향을 한두 숟갈 넣은 다음 제단 앞 중앙으로 가서 제대를 바라보고 허리를 숙여 절한 다음 무릎을 꿇습니다. 부제가 있으면 부제와 함께 가서 부제 양옆에서 무릎을 꿇은 다음, 부제에게 향로를 건네줍니다. 주례자

가 축성문을 외우고 축성된 빵과 포도주가 담긴 성반과 성작을 들어 올릴 때 부제는 성체와 성혈을 향해 세 번 분향합니다. 부제가 없을 경우 향로 복사가 분향합니다. 부제와 복사들은 '신앙의 신비여'를 노래할 때 자리에서 일어나 제대를 향해 허리 숙여 인사한 뒤 자리로 돌아갑니다.

2) 성체 강복에서 분향하는 순서

성체 현시 때

향로 복사와 향 복사는 입당 후 사제가 성체를 현시하기 위해 감실로 향할 때 지대 앞에 무릎을 꿇습니다. 사제가 감실에서 성체를 모셔다가 제대 위에 현시하고 내려오면, 복사들은 자리에서 일어나서 사제에게 향로와 향 그릇을 내밉니다. 사제가 향로에 향을 넣고 제대 앞에서 무릎을 꿇으면 향 복사는 사제의 왼편에, 향로 복사는 오른편에 무릎을 꿇습니다. 향로 복사가 사제에게 향로를 건네주고, 사제는 성체를 향해 세 번 분향한 다음 향로를 다시 향로 복사에게 돌려줍니다. 향로 복사는, 사제가 분향할 때 카파가 걸리적거리지 않도록 카파의 옷단을 들어 줍니다. 분향이 끝나고 사제가 자리에서 일어나 주례석으로 갈 때, 향로 복사와 향 복사는 향로 걸이에 향로와 향 그릇을 놓아두고 주례석 옆에 마련된 복사 자리에 가서 앉습니다.

성체 강복 때

성체 강복 시간이 다가와 신자들이 성체 성가를 부를 때, 향로 복사와 향 복사는 향로와 향 그릇을 들고 사제 앞으로 갑니다. 사제가 향로에 향을 넣고 축복한 다음 제단 앞으로 가서 무릎을 꿇으면 향로 복사와 향 복사도 각각 사제의 오른편과 왼편에 무릎을 꿇습니다. 향로 복사는 사제에게 향로를 건네고 사제는 성체를 향해 세 번 분향한 다음 복사에게 향로를 돌려줍니다. 분향 후 사제가 성체 기도를 바칠 때, 향 복사는 향로 걸이에 향 그릇을 놓고 어깨보를 가지고 사제 옆에 서서 대기합니다. 사제가 기도를 마치면 향 복사는 사제의 어깨에 어깨보를 걸칩니다. 사제가 성체 강복을 위해 제대 앞으로 갈 때, 향로 복사는 제단 앞 한가운데로 옮겨 무릎을 꿇습니다. 사제가 성광을 들고 신자들을 향해 성체 강복을 할 때, 향로 복사는 세 번씩 세 차례 성체를 향해 분향합니다. 사제가 성체 강복을 마치고 제단 앞으로 내려올 때, 향로 복사는 자리를 옆으로 옮겨 무릎을 꿇습니다. 향 복사는 일어서서 대기하다가 사제가 어깨보를 벗어 주면, 어깨보를 받아 향로 걸이에 걸고 사제 옆으로 가서 무릎을 꿇습니다.

11. 복사단

지금까지는 복사들이 여러 가지 전례에서 어떻게 봉사하는지 알아보았습니다. 이번에는 복사들을 양성하고 복사단을 교육하고 지도하는 이들에게 필요한 것이 무엇인지 살펴보겠습니다. 본당 신부님이 여러분에게 본당 복사단을 지도할 책임이 맡겼을 때, 여러분은 그 일이 너무 막중하다고 생각하며 고민할 수도 있습니다. 하지만 복사들을 양성하고 복사단을 지도하는 책임이 막중한 만큼 값지고 훌륭한 일이라는 것을 기억하기 바랍니다. 누구나 잘못을 할 수 있습니다. 그러나 그것이 문제가 되지는 않습니다. 사실 시간이 지나고 실습을 하다 보면 보다 나아질 것이며 좋은 복사로 거듭날 것입니다.

복사단은 본당에서 꼭 필요한 단체

어떤 본당이든 공동체 전례에서 봉사하는 복사단은 꼭 필요하고 중요합니다. 따라서 반드시 조직해야 하는 단체이지요. 그리고 복사단이 있는 곳에는 반드시 이 단체를 교육하고 지도할 책임자가 있어야 합니다. 복사단을 이끄는 책임을 맡은 사람은 다음과 같은 **기본 원칙**을 잘 기억하고 주의를 기울여야 합니다.

본보기

복사단의 지도자는 복사들에게 말보다는 행동으로 본보기를 보여 주어야 합니다. 성당에서나 집에서나 학교에서 복사들이 어떤 마음과 자세를 지녀야 하는지, 어떤 모습을 보여야 하는지를 지도자가 먼저 행동으로 보여 주어야 합니다.

준비성

학교에서 학생을 가르치는 선생님이 수업할 내용을 제대로 준비하지 않는다면, 학생은 선생님의 말에 귀를 기울이지 않습니다. 그리고 수업도 지루하고 재미없을 것입니다. 마찬가지로 복사단을 교육하는 지도자도 복사들에게 가르치려는 것을 충분히 준비해야 합니다.

인내심

복사단을 이끄는 지도자에게는 인내심이 필요합니다. 지도자가 단원들에게 화를 낸다면 그들은 자기네 잘못을 반성하기보다는 복사단 활동을 포기하려 할 것입니다. 따라서 지도자는 인내심으로 다른 단원들을 포용하면서 차근차근히 가르치는 자세가 필요합니다.

사랑

복사단은 군대가 아니라 주님께 봉사하기 위해 모인 이들의 공동체입니다. 따라서 지도자는 부하에게 하듯이 명령하기보다 사랑으로 친근하게 대해야 합니다. 복사들이 지도자에게서 사랑하는 마음을 느끼면, 복사단은 하나로 일치하여 자발적으로 지도자를 따라올 것입니다.

지도자는 이와 같은 기본 원칙들을 잘 지키면서 복사단과의 관계를 잘 유지해야 합니다. **지도자가 복사단을 교육할 때 주의를 기울여야 하는 사항**은 다음과 같습니다.

소속감과 일체감을 키워 주기

복사로 봉사하고 싶은 청년들을 한자리에 모은다고 해서 복사단이 완전하게 구성되는 것은 아닙니다. 복사는 개인적인 봉사가 아니라 공동체를 위해 함께 봉사하는 직무입니다. 따라서 지도자는 복사들이 복사단의 일원으로서 소속감을 가지고 서로 한마음으로 일치할 수 있도록 이끌어 주어야 합니다. 복사단의 명칭과 수호성인을 정하는 것도 복사들의 소속감과 일치에 도움이 될 수 있습니다.

열중하는 마음을 갖게 하기

어떤 모임이나 단체든 한 가지 동일한 목적이 있으면 계속해서 일치하고 협력하게 되지만, 그렇지 않은 모임이나 단체는 쉽게 와해됩니다. 복사단도 마찬가지입니다. 복사단이 존재하는 이유와 목적은 이미 앞에서 여러 차례 언급했습니다. 따라서 중요한 것은 그 목적을 이루기 위해 복사들이 정해진 시간에 주어진 임무를 정확하게 실천할 수 있도록 지도하는 것입니다. 자신이 맡은 일에 열중하는 마음이 없으면 전례에서의 봉사에 무관심하게 되고 무성의한 태도를 보이게 될 것입니다.

서로를 이해하고 배려하는 마음을 갖게 하기

주님의 제대에서 봉사하는 복사들은 무엇보다도 상호 간에 미움이나 시기가 발생하지 않도록 주의하고 서로 다투지 말아야 합니다. 따라서 지도자는 복사들이 서로를 이해하고 존중하고 배려할 수 있도록 이끌어 주어야 합니다. 그래야만 전례 봉사를 준비할 때에도 시간을 낭비하지 않고 모두가 협심할 수 있습니다.

연락하기

복사단 활동이 잘 이루어지려면, 복사들 개개인과 많은 대화가 필요합니다. 곧 전화나 문자 메시지 또는 이메일 등 여러 가지 방법을 통해 복사단 활동에 필요한 사항들은 복사들에게 알려야 합니다. 그리고 중요 사항들을 빠르게 알릴 수 있도록 연락망을 짤 필요가 있습니다.

복사단이 잘 운영되기 위해서는 정기적으로 회합을 갖고 각 전례 시기에 맞게 정해진 때에 전례 연습도 해야 합니다. 따라서 지도자는 매년 초에 복사단 활동과 관련된 일 년 계획표를 작성하고 복사들에게 공지해야 합니다. **일 년 계획을 세울 때**는 다음과 같은 사항을 고려하는 것이 좋습니다.

양성 교육

어떤 임무든 그것을 잘 수행하기 위해서는 적절한 준비가 필요합니다. 마찬가지로 누구든 복사가 되고 싶다면, 먼저 복사로 활동하기 위해 기본적으로 필요한 것을 복사단 지도자나 본당 신부님에게 배워야 합니다. 따라서 복사단 일 년 계획표에는 신입 복사를 모집하고 교육하는 일정이 포함되어야 합니다.

임명장 수여식

복사와 같은 중요한 책임이나 임무를 수행하려는 사람에게 본당 신부님이 공적으로 임명장을 수여하는 것은 매우 바람직한 일입니다. 임명장을 수여하는 일은 특히 미사 때처럼 본당 공동체 전체가 참여하는 자리에서 하는 것이 좋습니다.

정규 회합

복사단 전체가 적어도 한 달에 한 번 정기적으로 회합을 갖는 것이 바람직합니다. 회합에서는 복사들이 알아야 하는 새로운 사항들을 공지하고 봉사 차례를 정합니다. 정규 회합 이외에도 대축일 미사나 특별한 날의 미사를 준비하기 위해 또는 복사단 소풍이나 교구 차원의 교육이나 행사와 관련하여 회합을 할 필요도 있습니다.

본당 신부님들에게 드리는 말씀

복사단을 책임지는 본당 신부님들에게도 부탁 말씀을 드리고 싶습니다. 복사들을 단순히 짧게는 몇 달, 길게는 한두 해 동안 제대에서 주례자를 도와 봉사할 이들이라고만 생각해서는 안 됩니다. 본당 신부님들은 제대에서 봉사하고자 하는 복사들의 열의와 노력이 훗날 좋은 열매를 맺을 수 있도록 사랑과 관심으로 그늘을 대해 주어야 합니다. 그리고 복사들이 맡은 임무를 잘 수행할 수 있도록 교육하고, 훌륭한 신앙인이 될 수 있도록 영적 지도를 해 주며, 좋은 본보기를 보여 주어야 합니다. 또한 그들의 영성 교육에도 힘을 쏟아야 합니다. 그리고 그들이 전례 봉사를 하면서 마음의 변화가 생겨 사제나 수도자로 부르심을 받을 수도 있음을 잊지 말아야 합니다. 이를 위해서는 믿음을 지니고 하느님의 계획을 알아보려고 세심하게 주의하는 자세가 필요합니다.

복사의 수호성인, 위대한 순교자 타르치시오

성체를 지키기 위해 순교한 타르치시오 성인은 19세기에 복사의 수호성인이 되었습니다. 그는 용감한 소년이었습니다.

예수님이 십자가에 못 박혀 돌아가시고 부활하신 다음, 사도들은 세상 곳곳에 복음을 선포하기 시작했습니다. 얼마 지나지 않아 로마에까지 복음이 선포되었습니다. 그런데 로마 제국은 그리스도인을 박해하고 감옥에 가두고 죽이기까지 했습니다. 감옥에 갇힌 그리스도인들에게 유일한 위안은 성체를 영하는 것이었습니다. 하지만 감옥에 몰래 성체를 모셔 가는 것은 매우 어려운 일이었습니다.

타르치시오는 자신이 감옥에 성체를 모셔 가겠다고 나섰습니다. 사람들은 나이 어린 소년을 덜 의심하기 때문입니다. 어느 날 타르치시오가 성체를 모시고 감옥을 향해 가고 있을 때, 이방인 친구들이 그를 보고는 함께 놀자고 불렀습니다. 타르치시오는 그들에게 가지 않으려다가 의심을 받지 않기 위해 친구들과 어울려 주었습니다. 그러나 얼마 지나지 않아 친구들은 주머니 하나를 애지중지하며 품고 있는 타르치시오를 의심하기 시작했습니다. 친구들은 타르치시오가 그리스도인임을 깨닫고는 그 주머니를 내놓으라고 강요했습니다. 그러나 타르치시오는 결코 그 주머니를 빼앗기지 않았습니다. 오히려 주머니가 상할 것 같으면 몸으로 막았습니다. 타르치시오가 주머니를 내놓지 않자, 친구들은 그에게 욕을 하며 돌을 던졌습니다. 타르치시오는 결국 땅바닥에 쓰러졌습니다.

마침 그곳을 지나던 그리스도인인 군인 한 사람이 아이들의 이런 행동을 보았습니다. 군인은 돌을 던지는 아이들에게서 타르치시오를 구했습니다. 그러나 이미 타르치시오는 너무 심하게 얻어맞은 후였습니다. 타르치시오는 군인에게 말했습니다. "저는 곧 죽을 것 같아요. 하지만 주님의 성체는 끝까지 지켰어요. 저를 신부님에게 데려다주세요." 군인은 다르치시오를 신부님에게 데려갔지만, 그는 이미 숨을 거둔 상태였습니다. 타르치시오는 성 갈리스토 카타콤에 묻혔고, 나중에 캄포에 있는 성 실베스테르 성당으로 유해가 옮겨졌습니다. 교회는 타르치시오 성인을 그가 순교한 날인 8월 15일에 기억합니다.

복사 임명 예식

이 예식은 본당 공동체 신자들이 함께 참례하는 미사 때 이루어지는 것이 좋습니다. 미사와 상관없이 특정한 시간을 정해 진행해도 좋지만, 본당 신자들이 많이 참여할 수 있는 시간이 적당할 것 같습니다. 복사 임명 예식이 따로 있을 경우, 시작 예식은 말씀의 전례로 시작하고 복음 선포 직후에 복사단 지도자가 후보자를 호명합니다.

후보자 호명

복사단 지도자 "전례에서 사제를 도와 복사로 봉사하고자 하는 이들을 호명하겠습니다."

복사단 지도자가 한 사람씩 후보자 이름을 부르면, 후보자는 "예, 여기 있습니다."라고 응답하고 자리에서 일어나 제단 앞으로 나옵니다.

복사단 지도자 "존경하는 (주례 사제 이름) 신부님, 여기 이 형제자매들을 전례에서 봉사하는 복사로 임명해 주시길 청합니다."

주례 사제 "이 형제들은 복사로 활동하기에 충분한 자격을 갖추고 모든 준비를 마쳤습니까?"

복사단 지도자 "네, 이 형제들은 교회에서 전례 봉사자로 활동하기에 충분한 자격을 갖추었고 모든 준비를 마쳤습니다."

주례 사제 "우리는 큰 기쁨으로 이 형제들을 복사단에 받아들이겠습니다. 주님의 축복이 항상 이 형제들과 함께하길 기도합니다."

복사 후보자들은 모두 자기 자리로 돌아가 앉고, 주례 사제의 강론이 이어집니다.

권고와 질문

주례 사제는 강론 후 제대 앞에 자리를 잡습니다. 복사 후보자들도 제단 앞쪽으로 나와 섭니다.

주례 사제 "사랑하는 형제 여러분, 여러분은 교회에서 거행하는 전례 때에 사제를 도와 봉사하도록 부르심을 받았습니다. 그러므로 여러분은 교회의 전례에 적극적이고 능동적인 자세로 참여하고 기쁘게 봉사함으로써 다른 이들에게 참된 신앙의 증거자가 되겠다고 약속합니까?"

복사 후보자들 "네, 약속합니다."

주례 사제 "여러분은 우리 성당에서 복사로 활동하는 데 필요한 영적·공동체적·전례적 교육에 적극적으로 참여하겠다고 약속합니까?"

복사 후보자들 "네, 약속합니다."

주례 사제 "여러분은 주님의 말씀과 교회의 가르침에 충실하고 친구들과 가족들에게 예수님의 사랑을 전하는 사도가 되겠다고 약속합니까?"

복사 후보자들 "네, 약속합니다."

축복 기도

복사 후보자들은 무릎을 꿇고 다른 신자들은 자리에서 일어섭니다. 주례 사제는 다음과 같이 모든 신자를 기도에 초대합니다.

주례 사제 "사랑하는 형제자매 여러분, 전례에서 봉사하도록 부르심을 받은 이 형제들에게 주님께서 축복해 주시도록 모두 한마음으로 기도합시다."

잠시 침묵 후에 주례 사제는 다음과 같이 기도합니다.

주례 사제 "온갖 선과 은총의 근원이신 하느님, 오늘부터 우리 성당에서 전례 봉사자의 직무를 시작하려는 당신의 자녀들과 이들이 전례 때 착용하려는 이 옷에 축복하소서. 그리고 이 형제들이 믿음과 희망과 사랑으로 자신들에게 맡겨진 사명을 충실히 수행하도록 이끌어 주소서. 우리 주 예수 그리스도를 통하여 비나이다."

모든 신자 "아멘."

주례 사제가 제단 아래로 내려오면 복사 후보자들은 자리에서 일어나 한 사람씩 주례 사제 앞으로 나아갑니다. 주례 사제는 다음과 같이 말하면서 복사 후보자들에게 차례로 복사복을 수여합니다.

주례 사제 "(복사 후보자 이름), 이 거룩한 옷을 받으십시오. 이 옷은 (복사 후보자 이름)가 교회와 주님을 위해 봉사하는 사람임을 드러내 줍니다."

주례 사제는 모든 복사 후보사들에게 복사복을 수여한 다음 새 복사들과 한 사람씩 차례로 평화의 인사를 나눕니다.

주례 사제 "주님의 평화가 …와 함께."
복사 "또한 사제의 영과 함께."

교황들의 말씀

역대 교황들은 우리 모두에게 유익한 믿음과 삶에 대한 가르침을 많이 남겨 주셨습니다. 그리고 복사와 관련된 말씀도 잊지 않으셨습니다. 여기서는 그중에서도 특별히 복사들에게 큰 도움이 되는 교황들의 말씀을 소개하고자 합니다.

바오로 6세 교황(1970년 4월 1일)

"사랑하는 복사 여러분, 여러분은 예수님이 우리에게 영원한 생명의 양식으로 주신 성찬과 매우 밀접한 관계에 있습니다. 따라서 여러분은 성찬에 담긴 신학적이고 영성적이며 전례적인 의미를 깊이 묵상하고 삶으로 증거해야 합니다. 여러분은 사제들 가까이에서 매우 중요하고 값진 도움을 주기 위해 선발된 협력자들입니다. 여러분은 전례 봉사라는 참된 직무를 수행하는 사람들입니다. 그러므로 여러분은 전례에서 봉사할 때마다 항상 자발적이고 능동적으로, 성실하고 진지하고 정성스러운 마음과 자세로 전례적 직무를 수행해야 합니다. 그리고 주님은 전례를 통해 당신 교회에 현존하시면서 세상 끝 날까지 당신의 위대한 구원 사업을 지속하시고 당신 부활의 신비로 우리의 믿음과 삶을 비춰 주신다는 확신을 가지고 봉사해야 합니다."

요한 바오로 2세 교황(2001년 8월 1일)

"사랑하는 복사 여러분, 여러분이 제대에서 수행하는 임무는 의무일 뿐 아니라 큰 영예이며 참으로 거룩한 봉사이기도 합니다. 복사 여러분은 특별히 예수님의 친구로 부르심을 받은 사람들입니다. 그러므로 여러분은 예수님의 가장 친한 친구로서 예수님과 깊은 우정을 나눌 수 있도록 힘써야 합니다.

복사는 손에 촛불을 든 사람입니다. 예수님이 산상 설교 때 하신 말씀을 기억하면 쉽게 알 수 있는 사실입니다. '너희는 세상의 빛이다.'(마태 5,14) 여러분은 본당 미사 때에만 봉사하는 사람들이 아닙니다. 여러분의 봉사는 일상의 삶에서도, 곧 학교, 집, 여러분이 있는 곳 어디서든 이어져야 합니다. 본당 전례에서 예수 그리스도께 봉사하고자 하는 사람은 언제 어디서든 그분을 증거하는 삶을 살아야 하기 때문입니다. 여러분의 친구들은 '모든 사람을 비추는 참빛'(요한 1,9)이신 예수님을 기다리고 있습니다. 그러므로 여러분은 본당 전례에서만 촛불을 들고 봉사하는 사람이 아닙니다. 여러분은 어려운 처지에 있는 이들과 어둠 속에 머무는 이들 모두에게 복음의 불꽃을 가져다주어야 합니다.

저는 조금 전에 예수님과의 우정에 대해 이야기했는데, 여러분이 그 우정을 통해 큰 열매를 맺으면 좋겠습니다. 여러분 가운데서 사제 성소를 받고 신부님이 되는 친구들이 많았으면 좋겠습니다. 예수 그리스도는 기꺼운 마음으로 당신에게 모든 것을 맡기고 일생을 봉헌할 젊은이들을 애타게 기다리고 계십니다."

베네딕토 16세 교황(2010년 8월 4일)

"이 자리에 참석한 여러분에게 그리고 여러분을 통해 세상의 모든 복사들에게 당부합니다. 성체 안에 현존하시는 예수님께 기꺼운 마음으로 봉사하십시오. 이것이 바로 여러분의 임무입니다. 그러한 전례 봉사는 여러분을 특별히 주님께 더 가까이 나아가게 하고 그분과 깊고 참된 우정을 나누며 성장하게 이끌어 줄 것입니다. 타르치시오 성인처럼 여러분도 마음속 깊은 곳에 주님과의 우정을 간직하십시오. 그리고 세상 사람들 모두가 예수님을 만날 때까지 예수님을 위해 봉사하고 악과 맞서 싸우며 생명을 바칠 각오를 하십시오. 두려워하지 말고 기쁨과 열정으로 여러분이 예수님과 나누는 우정을 여러분의 친구들에게도 전해 주십시오. 그리하여 여러분이 주님을 알고 사랑하고 있다는 것을 그들도 알게 해 주십시오.

하느님은 계속해서 우리 모두에게 당신의 사랑을 나누어 주고자 하십니다. 여러분이 제대에 가까이 나아갈 때마다, 여러분은 하느님의 그 사랑을 위해 봉사하는 것입니다. 여러분이 알고 있는 것처럼 성찬의 전례에서 축성을 통해 작은 제병은 그리스도의 몸으로, 포도주는 그리스도의 피로 변화됩니다. 이처럼 형언할 수 없는 신비를 가까이 접할 수 있는 여러분은 참으로 행운아입니다.

여러분은 사랑과 헌신과 성실함이 가득한 마음과 자세로 복사 직무를 수행하십시오. 외적이고 형식적인 태도가 아니라 내적이고 진지한 태도로 거룩한 미사에 참례하십시오. 제대에서 직무를 수행하는 주례자를 도와 봉사하면서 미사에 참례한 사람들이 예수님을 보다 가까이 느낄 수 있도록 도움을 주십시오. 예수님은 여기 우리와 함께하십니다. 예수님은, 교회는 물론이요 세상 어디에서든 모든 사람의 일상 안에서 그들과 함께하기를 바라십니다. 여러분은 그런 예수님을 위해 봉사하십시오. 사랑하는 복사 여러분! 여러분의 두 손과 마음과 생각과 시간을 예수님께 내어 드리십시오. 예수님은 여러분의 봉헌을 기꺼이 받아들이시고 그에 합당한 은총을 베풀어 주실 것입니다. 예수님은 여러분에게 참기쁨을 선물하시고 참행복을 찾을 수 있는 곳이 어딘지를 가르쳐 주실 것입니다. 예수님은 우리가 작은 일 하나에도 충실하며 굳건한 믿음으로 당신 말씀에 순종하고 매일의 삶에서 당신이 주신 참기쁨과 참행복을 간직하며 살아가기를 바라십니다. 그리고 예수님은 우리가 매일 주어진 삶에 충실하고 당신 사랑을 증거하면서 당신과 만나기 위해 기쁜 마음으로 자주 성당에 나오기를 바라십니다. 우리는 이런 삶을 통해 우리의 친구들에게, 예수님은 살아 계신 하느님 아드님이시며 우리와 함께하신다는 것을 가르쳐 줄 수 있습니다."

복사의 기도

복사들이 전례에서 봉사하기 전과 후에 바치는 기도와 월례 모임이나 교육 또는 피정에서 사용할 수 있는 유용한 기도들을 소개합니다. 이 기도들은 교황의 말씀에서도 확인할 수 있는 것처럼, 복사들이 모든 것을 예수님과 함께 시작하고 마칠 수 있도록 이끌어 줄 것입니다.

전례에서 봉사하기 전에 바치는 기도

예수님, 저는 예수님께 봉사하기 위해
이 자리에 와 있습니다.
제가 예수님 곁에서 정성된 마음으로
봉사할 수 있도록 이끌어 주십시오.
아멘.

전례에서 봉사한 후에 바치는 기도

예수님, 제가 전례에서

예수님을 위해 봉사할 수 있도록
은총 베풀어 주시니 감사드립니다.
앞으로도 제가 언제 어디서든
예수님의 사랑을 받으며
성장할 수 있도록 은총 주십시오.
아멘.

복사단 기도 1
하느님 아버지,
저희가 아버지의 말씀을
마음 깊이 새길 수 있도록
저희에게 맑고 깨끗한 마음을 주십시오.
저희는 아버지께서 원하시는 곳이면
어디든지 달려가
기쁘고 즐거운 마음으로 아버지를 위해
봉사할 준비가 되어 있습니다.
하느님 아버지,
저희에게 베풀어 주신 모든 은총에 감사드립니다.
저희가 아버지께서 주신 은총에
합당한 열매를 맺을 수 있도록

이끌어 주십시오.

하느님 아버지,

저희가 아버지께서 주신 봉사직을

기꺼이 실천할 수 있도록 이끌어 주십시오.

그리고 저희가 주님의 제단에서 봉사하면서

믿음으로 주님을 증언할 수 있도록

필요한 힘과 용기를 주십시오.

하느님 아버지,

저희가 언제 어디서든 아버지를 사랑하고

매일 정성된 마음으로 기도하는

신앙인이 될 수 있도록 이끌어 주십시오.

아멘.

복사단 기도 2

친구이며 본보기이신 예수님,

저희가 매일, 언제 어디서든

예수님의 말씀을 실천하고

예수님을 사랑할 수 있도록 이끌어 주십시오.

자비로우신 예수님,

저희가 예수님을 닮아 모두에게 마음을 열고

기쁘고 즐겁게 사랑을 실천하며
예수님께 인도할 수 있도록 이끌어 주십시오.
서희가 예수님이 맡기신 봉사직을
끝까지 잘 수행할 수 있도록
필요한 힘과 지혜와 용기를 주십시오.
저희도 예수님처럼
이웃을 이해하고 사랑할 수 있도록
깊고 넓은 마음을 주십시오.
저희 자신과 지회 공동제가
예수님의 사랑으로 성장할 수 있도록
저희의 모든 것을
예수님께 맡겨 드립니다.
언제 어디서든지
저희와 저희 공동체와 함께해 주십시오.
아멘.

색인

가슴 십자가 98
가슴 치기 51
가우데테 주일 75
가정 방문과 축복 173
감사 기도 128
감실 46, 48
감실 가리개 102
강복 57, 83
개두포 94
거룩하시도다 128
거행 22
검정색 70
견진성사 82, 142, 200
견진성사 예식서 90
경당 42, 49
고별식 163
고해성사 82, 83, 143
고해성사 예식서 89
고해소 46, 48
관면혼 154

교구 40
교리실 49
교황들의 말씀 224
교회 40
교회가 세운 봉사 직무 31
구마 기도 83, 140
그리스도 65
금 62
금색 70
기념일 80
기도 손 51
기름 64
기름 바르기 58
꽃 62

나뭇가지 63
노자 성체 151
녹색 69, 80

닫집 112
닫집 형태로 덮인 제대 45

달마티카 96

대림 시기 74

대성전 41

대제병 108

대축일 80

독서대 45, 48

독서자 39

독서직 34

독서집 85

동정녀 축성 예식서 91

두오모 43

띠 95

레타레 주일 78

마침 예식 131

말씀 전례 120

머리 숙이기 54

모든 성인 대축일 80

목자 지팡이 99

몸동작 52

물 61

물그릇 107

물주전자 107

미사 경본 84, 85

미사 밖에서 하는 영성체와 성체 신비 공경 예식서 89

미사 전 준비 116

미사 통상문 85

미트라 99

바실리카 41

바오로 6세 교황 224

바오로 사도 72

바위 61

반주지 36, 39

반지 98

받아들이는 예식 136

받침대 111

받씻김 예식 185, 186

발 씻어 주기 58

베네딕토 16세 교황 226

베드로 사도 72

병자성사 83, 147

병자성사 예식서 89

병자 영성체 151

병자 영성체 성합 113

보라색 69, 75, 78

보편 교회 40

보편 지향 기도 88

복사 17
복사가 갖추어야 할 마음과 자세 24
복사가 멀리해야 할 마음과 자세 26
복사가 사용하는 전례 도구 102
복사단 212
복사단 기도 1 229
복사단 기도 2 230
복사복 20
복사의 기도 228
복사의 수호성인 218
복사 임명 예식 219
복음집 87
복음 환호송 122
본당 42
봉사 22
봉사 직무 30
부속가 122
부제 33
부활 시기 78
부활초 110
분향하는 방법 204
불 60
불 축복 190, 191
붉은색 68, 78, 79
비레툼 98
비정규 성체 분배자 35

빛 60
빛의 예식 190, 191
빵 63

사도 72
사순 시기 76
사제 32
사제의 동작 56
상징 59
서 있기 53
설교대 46
성가대 36, 39
성가대석 47
성광 111
성구 126
성당 42
성당과 제대 축성 예식서 91
성령 강림 대축일 79
성모 마리아 72
성모 승천 대축일 72
성무일도 91
성반 108
성사 81
성삼일 77, 180
성상 67
성수대 48, 49

성수 뿌리기 57
성수채 113
성수통 113
성유 축성 예식서 91
성유함 112
성작 108
성작 덮개 101
성작 수건 102
성주간 77
성찬 전례 124
성체 강복 167
성체 강복에서 분향하는 순서 209
성체등 109
성체를 받아 모실 때 130
성체성사 82, 115
성체 조배 167
성체포 101
성체 현시 167
성탄 시기 75
성토요일 77
성품성사 82, 83, 157
성품성사 예식서 90
성합 108
성화 67
세례 서약 갱신 191, 193
세례성사 82, 135

세례소 47, 48
세례수 축복 191, 193
세례 예식서 88
소금 65
소성당 42
소성무일도 92
소제병 108
손동작 50
수난 감실 102, 187
수난 감실 닫집 102
수난 복음 188, 189
수대 96
순교자 73
순회 미사 197
스테파노 성인 73
시간 전례서 91
시작 예식 118
시종직 34
신앙의 신비여 129
신자들의 기도집 88
신자석 47, 48
신자 영성체용 성반 105
십자가 경배 188, 189
십자가 복사 39
십자고상 106
십자 성호 긋기 51

아마포나 면으로 만든 전례 용품 100
아빠스 축복 예식서 91
악수, 포옹 또는 인사하기 52
안내 봉사자 37, 39
안수 57
앉아 있기 54
앞치마 97
양심 성찰 144, 145
양쪽 무릎 꿇기 55
양팔을 벌려 들어 올리기 52
어깨보 97
어른 세례 예식 136
엎드리기 55
에우카리스티아 115
에파타 예식 139
연중 시기 79
영대 95
영성체 예식 129
예물 준비 예식 126
예수님이 세우신 봉사 직무 31
예식서 88
예절용 모자 98
예절용 접이의자 113
예절지기 36, 39, 194

오라토리오 43
오른쪽 무릎 꿇기 54
온 누리의 임금이신 우리 주 예수 그리스도 왕 대축일 80
요한 바오로 2세 교황 225
요한 세례자 73
원죄 없이 잉태되신 동정 마리아 대축일 72
유아 세례 예식 136
유해 성광 111
의무 기념일 81
익랑 47
인사 56
일치의 성사 83
입문 성사 82

자유 기념일 81
장례 미사 164
장례식 163
장례 예식서 89
장미색 70, 75, 78
장백의 95
장엄 미사 160
장엄한 시간 전례 171
재 66, 174
재를 머리에 얹는 예식 175, 176

재의 수요일 76, 174
재의 축복 175, 176
전례 17
전례 거행 81
전례 도구 100
전례복 93
전례 봉사자 36
전례 시기 73
전례에서 봉사하기 전에 바치는 기도 228
전례에서 봉사한 후에 바치는 기도 228
전례에서 분향하는 순서 206
전례에서 사용하는 상징: 사람이 만든 물건 63
전례에서 사용하는 상징: 색깔 68
전례에서 사용하는 상징: 자연물 59
전례에서 사용하는 책 84
전례 용기 109
전례 용품 100
전례주년 73
정면 출입문 44, 48
제1독서 121
제2독서 121
제단 44, 48
제대 45, 48
제대 덮개 101
제대 앞 가림판 100
제대 위 117

제대 위나 주변에 올려놓는 전례 용품 105
제대 초 105
제대포 100
제병 64, 108
제의 96
제의방 48, 49, 117
제의방 봉사자 37
종 105
종부성사 147
종소리 66
종신 서원 예식서 89
종탑 44, 48
주교 32
주교가 주례하는 전례 거행 196
주교관 99
주교나 아빠스의 특별한 표지 97
주교 예절서 90
주교의 장엄한 입당 197
주교좌성당 42
주님 만찬 성목요일 76, 180
주님 봉헌 축일 76
주님 성탄 대축일 74
주님 수난 성금요일 77, 181
주님 수난 성지 주일 77, 176
주님 승천 대축일 79
주님의 기도 129

주님의 예루살렘 입성 기념식 178
주님 탄생 예고 대축일 72
주례석 46, 48
주수대 47, 48, 106, 117
주수대와 관련이 있는 전례 도구 106
주수병 107
주수 수건 102
주일 71
주케토 99
준성사 81
중백의 94
지극히 거룩하신 그리스도의 성체 성혈 대축일 80
지극히 거룩하신 삼위일체 대축일 80
지극히 거룩하신 예수 성심 대축일 80
지역 교회 40

참회 예절 145
책틀 107
천주의 성모 마리아 대축일 72
초 복사 39
촛대와 초 104
촛불 점화기 110
축복 예식서 90
축일 71, 80

측면 제대 48, 49
치유의 성사 83
침묵 56

카파 96

타르치시오 성인 218

파스카 74
파스카 성야 78, 183
팔리움 99
평화의 인사 129
포도주 63
플라네타 96
플루비알레 97
필레올루스 99

하느님의 어린양 130
하늘색 70
행렬 53, 200
행렬용 십자가 104
향 66
향과 향로를 드는 방법 202
향 그릇 104
향로 103

향로 걸이 104

향로 복사 39, 201

향 복사 39, 201

헌금 봉사자 39

혼인성사 83, 153

혼인 예식서 89

후진 47, 48

훌륭한 복사가 되려면 22

흰색 68, 76, 79